TIME ≠ MONEY

限りある時間を
君たちはどう使うか？

タイム・イズ・ノット・マネー

古川 純

GB

CONTENTS

TIME ≠ MONEY
タイム・イズ・ノット・マネー
限りある時間を君たちはどう使うか?

はじめに

「ことば」と「数字」を武器にする

一億総貧民・少子高齢化・円安物価高・気候変動・新型コロナウイルス・食糧危機・政治混迷・ウクライナ危機・世代間格差・男女格差などなど、令和に入ってなお暗雲立ち込める日本――今後、富める者はさらに富み、貧しい者はさらに貧しくなっていくことでしょう。「本当の格差社会」の到来です。若者や女性にとって、今以上に生きづらい国になるのは論を俟《ま》ちません。

　とある調査の結果では、すでに20代の約80％が「働きたくない・結婚したくない・子どもを欲しくない……」と回答しているとか。この状況は、私たち大人が招いてしまった現状に他なりません。だから私は、希望を失った若者たちに輝きを取り戻してもらいたいという想いを胸に、この本を執筆しました。

「Can――自分は何ができるかわからない」
「To do――何がしたいのかわからない」

「To be——将来何になりたいか決められない」

私の学生たちは、口を揃えてこう言います。

「どう頭をひねっても、いいアイデアが浮かばない」
「どこかで見たような、聞いたような発想しかでてこない」
「どうしたらイノベーションって起こせるの？」

社会人になったかつての教え子たちも、同様の悩みを抱えているようです。若者に限らず、アイデアやクリエイティブな発想に苦手意識をもつビジネスパーソンは少なくありません。本書は、そんな読者に解決のための具体的な方法やヒントを提示し、アイデア体質になってもらえることを目指しています。

失われた30年、日本経済は低迷し賃金は上がらない状態。「ジャパンアズナンバーワン」と言われた時代から「安いニッポン」へ……。なぜ、日本はこのように残念な国になってしまったのでしょう？　原因の1つは「教育」にあると私は考えます。

小中高大、16年間の教育で「人生を生き抜く」ための授業は一切なされていません。人生を生き抜くにあたって日本に欠けている2つの教育、それは「創造教育」と「金融教育」です。そして、創造と金融を語るうえで「ことばと数字」は欠かせない要素となります。私たちは、残された数多くの「ことば」から創造力を、「数字」を紐解くことによって金融力を磨くことができるのです。

とはいえ、ことばは過剰であり主観的なものです。逆に数字は、不足であり客観的なものです。この2つの要素を掛け合わせることで、人生を生き抜くための武器となります。

では、なぜ**「創造（ことば）」×「金融（数字）」**＝「人生を生き抜くための武器」となりえるのでしょう？　それは、**この2つの力がビジネスに直結しているから**です。

人生において大半の時間を占めるビジネスを楽しくすることが、人生を豊かに楽しくする最適解だと私は考えています。ゆえに本書では、人生を豊かに生き、**ビジネスを楽しくするための武器（リテラシー）――「創造（ことば）」×「金融（数字）」**を皆さんが最短で獲得するためのメソッドを解説していきます。その先には、大いなる「希望」が待っていることでしょう。

創造リテラシーと金融リテラシーを獲得するために、本書ではまず、限られた「時間」と氾濫する「情報」をいかに効率良く選別するかのメソッドを紹介していきます。そして、最も重要なのは有限の「時間」です。

私が講義している大学では、多くの学生から相談を受けます。中でも多い「タイムパフォーマンス、いわゆるタイパを上げるには？」という問いに私は、一言でざっくりと、こう答えています。

「選択と集中だね」

映画を例に挙げて考えてみましょう。

最近は映画やドラマを1・5倍速で視聴する傾向が顕著です。名作は間や余韻まで計算されて創られていますから、倍速視聴やセリフスキップをしてしまっては、名作の良さが半減されてしまいます。ですが、駄作が多いのも確か。ですので私は、多くの人に触れたり多くの情報を入手して作品を選択し、集中して味わうよう助言しています。

映画に限らず、本・漫画・ドラマ・旅行・衣食住・仕事に至るまで、人生は選択と集中の連続です。

人は平均して1日3万5000回以上の選択をしているといわれています。1日24時間は86400秒、そのうち8時間が睡眠として、残る16時間は57600秒ですから、約1・6秒に1回選択をしていることになります。「そんなに!」と驚かれるかもしれません。

選択はトレード・オフです。何かを達成するためには、何かを犠牲にしなければなりません。だから、選択が正しければ正しいほど、人生はその輝きを増していきます。もちろん、その逆も真です。そして、選択することで集中する余裕が生まれることを考えると、プライオリティが「選択」にあることは想像に難くないでしょう。

そういう意味で、本書を手に取った皆さんは1つ、素晴らしい選択をしたと思ってもらえると幸いです。そんな皆さんへ私からエールを。

あらゆる罪の源なる、ふたつの大罪がある
焦りと怠惰である

「変身」で有名な作家フランツ・カフカの言葉です。私もカフカと同じく、現

代人は時間に追われ「焦燥＝やること過多によるストレス」が寛容な心をなくしてしまっており、反面「怠惰＝何もしないこと」が最大のリスクだと考えます。

皆さんの焦りと怠惰を取り除き、生き抜くための武器を与える指南書――人生・就職・仕事・家族・余暇・お金等多くの悩みに対して、本書が人生を豊かにする悩み解決書になれば至上の喜びです。

「やりたいことがない」。多くの若者が抱えている悩みです。私もそうでした。

では、どうしたらよいか？

まずは、「やるべきこと」を一生懸命やってみてはいかがでしょうか。一生懸命やっていけば自然と「できること」に変わっていきます。そして、自分の世界が広くなり「やりたいこと」が見つかっていきます。


「must――義務、自分は何をしなければならないか」

「can――能力、自分は何ができるのか」

「will――希望、自分は将来何をしたいのか」


この書がきっかけとなり、「義務から能力、そして希望へ」とつながればと思っています。

TIME ≠ MONEY——大切なのは、お金か時間か?

本書では「創造・金融」2つの武器、そこに「情報」と最上位概念である有限の「時間」を掛けて、その答えを解説していきます。

TIME is MONEY——「時間はお金と同じくらい大事」?

違います。

TIME ≠ MONEY——TIME is not MONEY

考えるまでもなく、時間が大切です。お金と時間は同列ではありません。

TIME is LIFE　時間こそが人生なのです。

誰かの言いなりになって人生を浪費してはならない

@スティーブ・ジョブズ

一度きりの人生、楽しまないとMOTTAINAI

さあ、物語をはじめましょう。

2023年3月　古川　純

序章

予測

PREDICTION

日本の　とある町——
そこにある小さな動物園には
若い50匹の動物たちが
のんびりと暮らしていました

昔ながらの古い動物園は
ずっと赤字続きで頼みは
国からの助成金……
変化を予測して対応する
発想なんてありません
TIME ZOO
それでも特に
不都合はなく…
50匹は仲良く
楽しく生きています
けれどコロナ禍や円安…
そして物価高によるエサ代の高騰…
少子高齢化による子ども客の減少は
この動物園の存続の
脅威でした
変化は気づかない
ところで起こって
いたのです……
そんなある日 柴犬のレックスが
園長就任の挨拶のために
みんなを集めました
ゾロゾロ
ざわざわ
ざわざわ

10日後に当園は閉園します……
お客さんが激減してごはん代が出せなくなったからです…円安や……
DOWN
物価高も痛かった…とにかく皆さんには次の仕事を探していただくことになります…
UP
ふざけるな！真面目に仕事してきたのに
俺は一生懸命やってた！
産まれたばかりの子どもがいるんだぞ！

申し訳ないけれど決定したことなので…

しかし、希望はありますこの動物園を再建し、再度開園する際にはふさわしい方を優先的に再雇用します
TIME
希望なんていらない！仕事を寄越せ!!

そこを何とかするのがお前の仕事だろ！

訴えてやる！

魚を与えるのではなく……釣り方を教えます
ちょっと何を言ってるか分からん！

釣りの仕方なんて知っとるわ！

釣りなんてしたくない！

お気持ちは分かります……けれど私を信じて少しだけ話を聞いてください…

START

DAY 1
お悩み相談
タイくん
Hold your horses
みんな
落ち着こう
閉園…こんなことが
起こるとは
思いませんでした

僕たちは日々何も考えず毎日どこからか持ってこられる食事にも
何の疑問も抱かずそこにあるのが当然のように食べていました…
確かに お客さんは減っていたような気がします特に子どもたちが…
毎日置かれる食事は一体どこから提供されているのか
外の世界を知るべきだった
幸不幸は予測しがたい…
ですが 今からでも何ができるか教えていただけますか？

1日目

予測

PREDICTION

「魚を与えるのではなく釣りの方法を教える」とお伝えした通り、皆さんには何日かでなくなる魚を与えるのではなく、「生きていくための知恵」――自分で魚を釣る方法を教えていきます。

我が国の現政府は、経済政策の一環として給付金ばらまき政策をとっています。2020年度コロナ予算だけで77兆円も組み込まれました。しかし、政府や他人に頼るのではなく、しっかり自分自身の力で生きていく武器を身に着けていただきたいと思います。

本日から10日間で、皆さんに「2つの武器」を授けます。「創造力（クリエイティブリテラシー）」と「金融力（マネーリテラシー）」です。それにプラスして、2つの武器を磨くために必要な**「情報力（メディアリテラシー）」**と**「時間力（タイムリテラシー）」**についても学んでいただきます。

「リテラシー」＝知識や能力を活用する力」ってことですね。

なぜ、数学や国語、英語が入っていないのか？

数学や国語は、我が国の素晴らしい教育で既に徹底して皆さんの頭に叩き込まれているからです。私が授けたいのは「人生を生き抜くための武器」。皆さんは基礎ができていますから、国語を発展させて「ことば（創造）」、数学を発展させて「数字（金融）」を学んでいただくのです。

もちろん英語はとても重要なスキルです。しかし、言い切ります。

英語も選択と集中。幼少期から高校生いわゆるC層（child）・T層（teenager）には必須、つまり「集中」。英語力を磨き世界で活躍できるよう、集中して勉強するのをおすすめいたします。ですが、20歳を超えて社会人になってから、英語力が無いので英語力を磨こうとするならば、他のスキルに時間を割いたほうがずっと効率が良いと考えます。

英語の習得には非常に時間がかかりますし、帰国子女や幼少期から日常語として使っている方が山ほど存在します。その点、創造力・金融力・情報力は習得に英語ほど時間がかかりません。加えて英語はあくまでも手段、英語力＋αのスキルがあってこそ世界で通用するのです。ですから、捨てるという「選択」

をする勇気を持っていただきたい。

世代によって必要なスキルも変わっていきますので、限りある貴重な時間を効率良く使っていきましょう。

競争の厳しい世界で勝負するか、ゆるい国内で勝負するか——世界の平均収入を目指すか、国内の上位20%の収入を目指すか。前者を選べば英語は当然必要でしょう。けれど、後者の選択に英語は必要ありません。

どんなに失敗しても死ぬことはない、一億総貧民と言われてしまったゆるい国内で豊かな生活を送ろうと思えば、英語は必要ないのです。限られた時間をそのスキル獲得に注ぐのはもったいない、というわけです。もちろん、ガチで世界で勝負するぞと決意するなら、英語は当然マストのスキルになります。

要は、拡大するグローバル市場を戦場としたビジネスパーソンとして闘うか、シュリンクするドメスティックな市場でトップもしくは上位を目指すか、です。

我が国はゆるく生きていくには最高の素晴らしい国だと、私は世界中を旅して実感しています。ゆるく平均年収443万円あれば、十分楽しく幸せな生活を送ることができる国です。2023年現在、ワンコインで美味しいランチを

アメリカ第16代大統領エイブラハム・リンカーンは「もし8時間、木を切る時間を与えられたら、そのうち6時間は斧を研ぐのに使うだろう」と名言を残しています。斧、つまり武器を磨けということです。

食べられる先進国は日本のみと言ってよいでしょう。チャレンジして無一文になっても、飢え死にすることはない、安全・安心・安い国、本当に素晴らしい国だと思います。

話を元に戻しましょう。

「情報力（メディアリテラシー）」は、**氾濫する情報を選択して自分で考え、未来を想像し創造する力**です。

創造力や金融力を磨くにあたって、なぜ情報力が重要になるかは数多くの歴史が物語っています。そのうちの1つを簡単にご紹介しましょう。皆さんは、秀吉の小田原征伐をご存知ですか？

「小田原征伐」

1590年、豊臣秀吉が天下統一のため最後の独立的大勢力である小田原の北条氏（後北条氏）を滅ぼした戦い。秀吉は兵農分離による組織化された軍事力と、強力な物量作戦を展開し、関東の北条氏の支城を次々と落とし、本城小田原城を3ケ月余にわたり攻囲、降伏せしめた。この結果、奥州諸大名も降伏、

のちに「小田原評定」と揶揄されることになる「名案が出ない長いだけで結論の出ない会議」という言葉も小田原征伐から来ています。失われた30年、働かないおじさん達のご先祖はここから来ているのかも。
歴史、過去を紐解き、自分なりに解釈してみてください。

全国統一が完成した。（百科事典マイペディアより）

この征伐で両軍に差が出たのが、「情報」です。

北条氏は武力と繁栄で自らを過大評価し、決定的な情報不足で秀吉という男を過小評価していました。驕りと過信から情報を軽視し、判断が狂って大局が見えなかったのです。対して秀吉は「創造力」と「金融力」という武器を持っていました。

「創造（ことば）」は、黒田官兵衛が籠城の無意味を説得し、開城させたこと。「金融（数字）」は、刀・槍・鉄砲、武力で戦う北条氏に対して、馬や穀物を買い占め、人的負担を命じてスケールの違いを見せたこと。

いずれも、事前に情報があってこそできたことです。情報がなければ説得もできませんし、買い占めや規格外を見せつけることもできませんでした。

情報から得られるもの。それは予測です。知り得た出来事や事実をもとに、未来は想像＝創造＝可能です。もっと言えば、出来事や事実の原因を推察することで、より精度の高い未来を想像することができます。「こういう原因なのかもしれない…だったら、未来はこうなるんじゃないだろうか？」と予測できるというわけです。

皆さんは、今日という不幸な日が来るという「予測」はできていましたか？常に、ifという「未来の予測と過去の想像」をすることは、より良い人生を生きるための重要な力となります。

ここで、「butterfly effect」――全ての事象はつながっているというお話をしていきましょう。

「butterfly effect」という言葉は、気象学者のエドワード・ローレンツが1972年にアメリカ科学振興協会で行った講演のタイトル「Predictability: Does the Flap of a Butterfly's Wings in Brazil Set Off a Tornado in Texas?（予測可能性：ブラジルの1匹の蝶の羽ばたきはテキサスで竜巻を引き起こすか？）」に由来すると考えられています。

転じて「出来事には、過去にそれを発生させる出来事があり、また未来にもこれに端を発する出来事がある」という使われ方が今日ではされています。要するに、少しの変化で未来は大きく異なってくる、ということです。

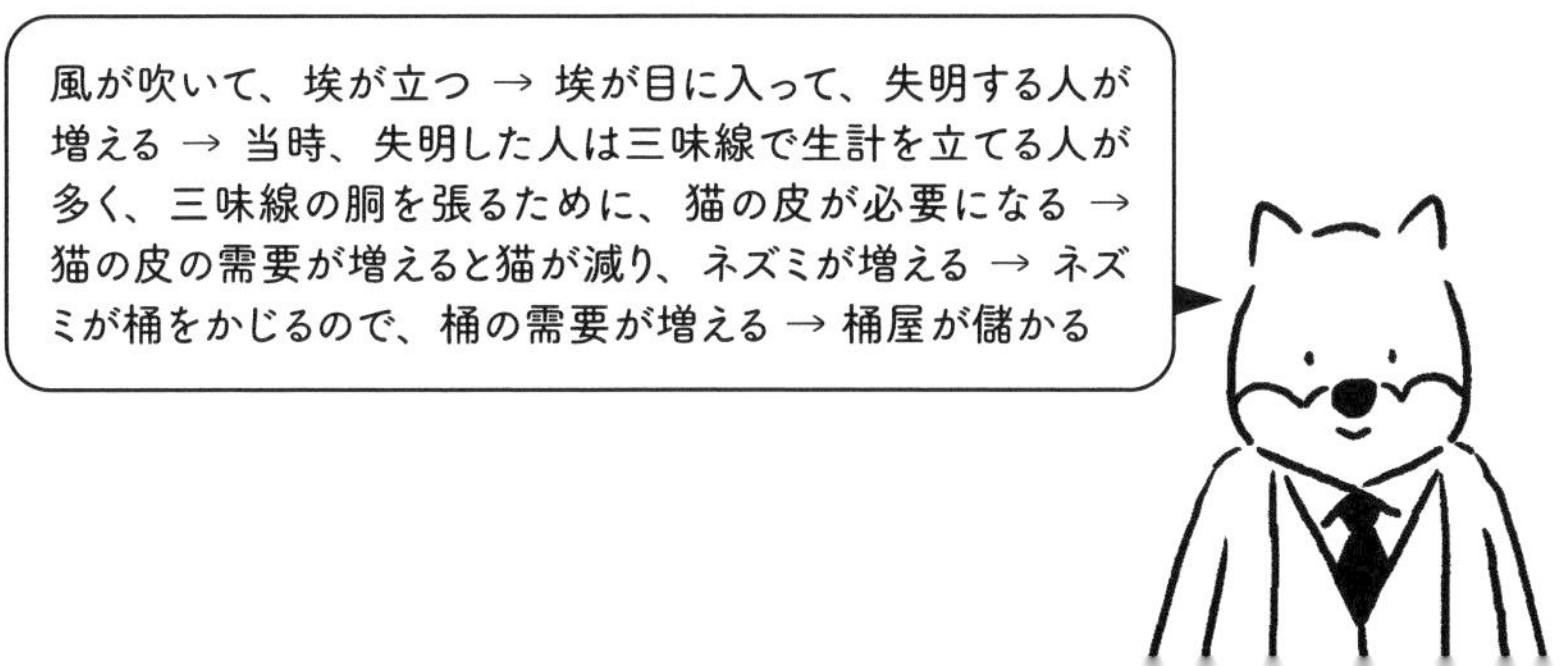
風が吹いて、埃が立つ → 埃が目に入って、失明する人が増える → 当時、失明した人は三味線で生計を立てる人が多く、三味線の胴を張るために、猫の皮が必要になる → 猫の皮の需要が増えると猫が減り、ネズミが増える → ネズミが桶をかじるので、桶の需要が増える → 桶屋が儲かる

我が国にも**「風が吹けば桶屋が儲かる」**ということわざがありますね。何か事が起こると、めぐりめぐって意外なところに影響が及ぶことのたとえに使われます。江戸時代1800年頃に出版された**十返舎一九『東海道中膝栗毛』**の話にも登場します。「風」と「桶屋」には、直接的な因果関係はありません。

今度は世界に目を向けてみましょう。

フランスの哲学者グレーズ・バスカルの、**「もし、クレオパトラの鼻がもう少し低かったら、歴史は変わっていただろう」**という有名な言葉があります。

絶世の美女クレオパトラは、カエサルとアントニウスを魅了・翻弄し歴史を動かした人物。彼女の美しさがなければ、エジプトがローマに支配され滅ぶこともなかったと言われています。クレオパトラの鼻の話は、大きな影響を及ぼす些細な物事のたとえに使われているのです。

事実かどうかは別として、想像することで「予測」が創造されるのです。「想像力＝創造力」と言ってもよいでしょう。

余談ですが、世界3大美女はクレオパトラ、楊貴妃、女神ヘレネ。米テキサス大学ダニエル・S・ハマーメッシュ教授によれば、現代では美人と不美人で生涯賃金格差が3,600万円だとか。たかが皮一枚の違いですよね。たかが皮一枚、されど…。

フランスの数学者ピエール＝シモン・ラプラスによる**「ラプラスの悪魔」**という哲学的概念も、情報に基づく「予測」が創造につながることを示した好事例です。簡単に言うと、ラプラスの悪魔とは、この世界全ての物事の未来が予測できる悪魔です。決定論の考え方から、この世の存在の全ての情報を知り、それを解析できる知性を持ち、未来を完璧に見通すことができる超越的な存在です。

つまり決定論の考えでは、過去や現在の出来事によって既に未来は決定しているので、未来は予測可能なのです。

バタフライエフェクトを予測して大成功を収めた例としてアメリカの「ゴールドラッシュ」、西部開拓時代のお話をしましょう。

それは19世紀半ばのこと。カリフォルニアで金が出るという情報を聞きつけ、労働者や移民は一攫千金を夢見て西へ西へと目指しました。そして実際にお金持ちになったのは？

金を掘り当てた人？
確かに。ですが確率は低いし、掘り当てた金の分のみです。

実際に大金持ちになったのは、労働者に向けて採掘用の衣服を販売するビジネスを始めたリーバイ・ストラウスです。

ゴールドラッシュの最盛期、ストラウス家は金の鉱山労働者が衣服や縫製の需要を持っていると読み、テントや荷馬車の幌を作るためのキャンバス帆布を鉱山労働者に販売。その後、新しいスタイルのワークパンツとして、最初のブルージーンズを作ったのです。

これもバタフライエフェクト。労働者の需要を「予測」して行動を起こした結果です。

ここで、私の話を少しさせていただきます。

私の幼少期、昼間は野球・サッカー・ボクシング・水泳、勉強はせず運動三昧。自営業の貧しい家庭に育ち両親は夜中まで働いていたので、当然眠るのは一人きり。夜は一人で本を読みながら眠りにつく生活をしていました。習慣は恐ろしいですね。大人になっても本がないと落ち着かないものです。

そんな中で、私にとってのバタフライエフェクト——素晴らしい本との出合いがありました。

沢木耕太郎氏の『深夜特急』——バックパッカーのバイブル

運動の素晴らしさについてはここでは割愛しますが、詳しくはアンデシュ・ハンセン『スマホ脳』『運動脳』をおすすめします。「脳みそまで筋肉」とよく言われましたが、私は褒め言葉と捉えていました（笑）。実際、脳と筋肉の共通点をアンデシュ・ハンセン氏は言及しています。

と呼ばれている一冊です。

勉強嫌いだった少年は毎晩、まだ見ぬ世界を想像してむさぼり読みました。

そんな私が、皆さんのためにできること。それは **Make waves**――「波紋」を拡げることです。人生の武器を与えるため、一石を投じて良い影響を与えられたらと考えています。

未来は希望に溢れています。ここまでお話ししてきた通り、未来は予測して創るものだからです。

「チャンスの女神は前髪しかない」と言われています。私と出会ったこの「縁」をチャンスだと思って前髪を掴んでください。ゴールドラッシュでのリーバイスのように。

全てはつながっている。今やっていることが、将来につながる。

Panasonic創業者・松下幸之助氏が**「この世に起こることは全て必然で必要、そしてベストのタイミングで起こる」**と名言を残しています。人生で起こることに無駄なことはなく、全てに意味がある。

ですので、皆さんにはこの言葉を捧げたいと思います。

「人間万事塞翁が馬」

中国の歴史書『淮南子』にある塞翁という老人と飼い馬のお話に由来しており、塞翁は人々の思いと常に逆の言動をしました。飼い馬が逃げるのは、塞翁にとっては「幸せ」→飼い馬が駿馬を連れて帰ってくるのは「災い」→駿馬に乗った子どもが骨折したのは「幸せ」→そして、子どもは骨折していたので徴兵されなかったのです。

良い事も悪い事も人生における幸不幸は予測しがたい。良い事が悪い事に、悪い事が良い事にいつ転じるか分からないので、簡単に喜んだり動揺したり悲しんだりする必要はないということです。

皆さんは動物園が閉業となり失職する。一見すると不幸な出来事に遭遇してしまいました。ですが、この変化が起きないと自分を変えることができなかったかもしれません。当然私とも出会えませんでした。

私と出会ったことを**きっかけ**として、この講義を聞いて武器を手にした皆さんは、より良い幸せを手にするチャンスを得たと言えるでしょう。ピンチをCHANGEにCHANGEするのです。

「夜明け前が一番暗い」ということわざがあります。どん底の後には必ず良い事がある。日が昇る直前に一番暗い時間があるということです。今日を一番暗い日にする、つまり未来を輝かせるには、不平不満を言うのではなく、立ち上がることが必要です。

今日は皆さんにとって、非常にショッキングな日で辛い境遇だと感じること

「生き残る種とは、最も強いものでも最も賢いものでもなく、最も変化に適応したものだ」と「種の起源」でチャールズ・ダーウィンが述べたと言われています。誤解とか賛否ありますが、その通りだと私は考えます。

でしょう。けれど、止まない雨はありません。辛いことも必ずいつかは終わりが来て、その後に幸せが訪れるものです。雨は必ずいつかは止みますし、ずっと晴れだけが続くこともありません。雨が降っているのなら、未来を予測してみましょう。

予測・予言・予告・予兆・予定・予想・予報…「予」は信用できません。しかし、非常に魅力的な言葉です。**過去の情報を選択して自分なりに考え、未来を予測することを、強くおすすめします。**

未来を予測する最善の方法が1つだけあります。

「未来を予測する最善の方法は、それを発明することだ」

アメリカ合衆国の計算機科学者、教育者、ジャズ演奏家。パーソナルコンピュータの父と言われたアラン・カーティス・ケイの有名な言葉です。**予測を当てるには、それを創ってしまえばよいのです。**

メジャーリーグで投打ともに大活躍する二刀流の選手になるという夢を諦めなかった大谷翔平選手や、バンタム級で4団体統一王者になるという目標を掲げた井上尚弥選手のようになりたい、小説を書いて芥川賞を受賞する、オリン

例えば、「過去や未来を自由に行き来できる世界が来る」と予測した場合、めっちゃ猛勉強してタイムマシンを発明すれば予測的中です。

ピックで金メダルをとる、ワールドカップで優勝する、大統領になる、未来と過去を行き来できるタイムマシンを発明する、どこでも瞬時に行けるドアを発明するetc.――予測する、夢を見るのは自由です。

大谷翔平選手や井上尚弥選手は想像を超えています。漫画でも誰も想像しなかった。皆が無理だと言っていた事を「自分ならできる」と信じた結果ですよね。本当に素晴らしいです。

「大それた夢だ」とか「そんなことは無理だ」と言う人も数多くいるでしょう。我が国には**ドリームキラー**がうじゃうじゃいます。

ドリームキラー対策？　ありますよ。今後は会議の冒頭で「反論や否定、大歓迎です。ですが、反論や否定をされる際は必ず代案をご提案ください」と言うようにしてみてください。ドリームキラーや否定論者・評論家は、たちどころに黙ってしまいます。

大きな夢が叶う可能性は、非常に低いかもしれない。だったら、もっともっと実現性の高い夢を「予測」するのもアリでしょう。自分の強みを活かして身近な未来予測をしてみましょう。

ドリームキラー とは他人の思い描いている夢（目標）を無意識あるいは意図的に壊そうとする、やる気を損なわせる人を指す言葉です。日本人は特に頭でっかちの評論家が多いと思います。

自分の強みは何か、自分に何ができるかを、自らに問いかけてみてほしいと思います。

文章を書くことが好きなら記者や小説家、写真を撮ることが好きなら写真家、世界を旅することが好きならパイロット、人を救う仕事をしたいなら医者や弁護士……まだ、「予測」に至らない「夢」かもしれません。

実際、多くの人はサラリーマンや公務員になります。けれども「サラリーマンや公務員、とても良いじゃないですか」って思います。自分が出合った仕事を一生懸命やることによって、新しい道がどんどん開けてくるものです。

京セラの創業者・日本航空を再建した名経営者として知られる故・稲森和夫氏の言葉にも、このようなものがあります。

「いまの若い人たちの中に、自分が望んでいる道を選ぶことができなかった人がいたとしても、いまある目の前の仕事に脇目も振らず、全身全霊を懸けることによって、必ずや新しい世界が展開していくことを理解してほしいですね。

ですから、不平不満を漏らさず、いま自分がやらなければならない仕事に一

カナダやアメリカを旅すると、「ドリームキャッチャー」という装飾品をみかけます。北アメリカ大陸北部、少数民族オジブワの伝統的な魔除けのお守りです。

生懸命打ち込んでいただきたい。それが人生を輝かしいものにしていく唯一の方法と言っても過言ではありません」

些細なことだって何だって良いんです。

地球のために環境破壊や地球温暖化を食い止める商品を企画する、格差を無くすために弱い者の相談を真摯に受け止める、自分のスキルを必要とする会社や人のために講演を行う——何でも良いのです。**その行動が一石を投じ、バタフライエフェクトを起こすことにつながるのだと私は思います。**

ここで「予測」に関する面白いお話を。創造された作品通りの出来事が、実際に起こったという例です。

1898年にアメリカの作家モーガン・ロバートソンが書いた小説『**Futility（むなしさ）**』をご存知でしょうか。

その内容は、まるでタイタニック号沈没事件を予言しているかのような内容なのです。この小説は、とある豪華客船が4月の寒い夜に、氷山にぶつかって沈没してしまうという物語です。その14年後、1912年4月にタイタニック

号沈没事件が起こりました。絶対に沈まない豪華客船といわれていたタイタニック号が沈没するとは、当時の人々はきっと夢にも思わなかったでしょう。

小説の中の豪華客船の名前は「タイタン号」。世界最大の大西洋の豪華客船であり、そのキャッチコピーは「絶対に沈まない豪華客船」。事故が起きた月まで4月と同じです。3つのスクリューで時速24ノットで動くという点まで一致していました。全長とトン数もほぼ同じ。乗客の数と救命ボートの数が合わないという点も一緒でした。

モーガン・ロバートソンは元船乗りです。自身の経験から造船の鋭い感覚を持っていたという事実と、海の危険性についての知識を掛け合わせて予測した物語を小説にしたと考えられます。もし、この小説をタイタニック号に関わる人が読んでいたら、もっと多くの救命ボートを用意して多くの命が助かったかもしれません。

もう1つ、私の好きな作家トム・クランシーの小説**『日米開戦』**のお話も。トム・クランシーは『レッドオクトーバーを追え』『パトリオットゲーム』『今そこにある危機』等でも有名なアメリカの人気作家です。

不測の事態に備えよ
@エイブラハム・リンカーン

『日米開戦』は、日本の財閥が日本政府を動かしてアメリカ合衆国に対し軍事的挑戦をするといった内容です。この小説が出版された１９９４年には、バブル景気で経済大国のイメージが根付いた日本とアメリカが国際的に強い存在感を持っていた時期でした。

この小説は、ジャンボジェット機を議会議事堂に突入させるといった過激な結末でした。その描写が後に発生したアメリカ同時多発テロ事件（２００１年９月11日）における旅客機による自爆テロ攻撃に酷似しています。小説の出版が１９９４年なので、テロの７年も前に書かれた作品です。

ともあれ、**「なぜ創造が現実になったのか？」を考えてみるのは、予測のトレーニングになります**。この事例のみならず、「この出来事はなぜ起こったのか？」と、自分で考える癖をつけると良いでしょう。予測の精度を高めるのに一役買ってくれるからです。

予測と言えば、大谷翔平選手の「人生設計シート」が凄すぎるのでご紹介します。２０２３年ＷＢＣで日本中を沸かせたスーパースター大谷翔平選手。ご

ですが、2つの小説が「予測」かというと疑問です。もしかしたら、テロリストが小説を読んで模倣しただけなのかもしれません。

存知二刀流、漫画の想像を超えた超希少な選手です。
18歳メジャー入団→2018年23歳で実現
20歳メジャー昇格15億円→23歳で実現済み、28歳で約6倍の85億円達成
22歳サイヤング賞→予測　28もしくは29歳で達成？
26歳ワールドシリーズ優勝→予測　29歳でFAなので、近く情熱溢れる大谷選手を見られるのではないでしょうか
27歳WBC優勝　MVP→2023年28歳で実現
42歳引退後日本にアメリカのシステムを導入→志、人生の志事まで明確です
60歳ハワイ旅行→人柄が伝わる、めちゃ素敵な目標です。

26歳で結婚、28歳で男の子誕生等がまだですが、選択の中で情熱を注ぐ優先順位の最上位が野球だと理解できます。今後が楽しみです。

「人生が夢をつくるんじゃない！　夢が人生をつくるんだ!!」

まさに、「未来を予測する最善の方法は、それを発明することだ」を実現させている偉大なアスリートです。

塞翁が馬。大谷選手が花巻東高校3年生の時、夏の甲子園は予選決勝敗退で悔し涙をのみました。最後の甲子園にもし出場していたら、もしかしたら甲子園の連投で怪我をして現在の大活躍はできなかったかもしれない。実際は分からないですが、これも塞翁が馬です。

ここで、私が近く起きるであろうと考えている大胆な予測を1つ。
「2030年スマホはなくなっているであろう」
無かったら死んでしまうとまで言われている現代人のマストアイテム、スマートフォン。時間に追われ、情報に流される1つの時代が終わり、リアルの繋がりや体験を大事にする時代になると私は予測しています。2030年までには、リアルを重視するガラケー派と新しいデバイスのスカウター派に大きく分かれるのではないでしょうか。

最後に、天才アインシュタインの名言をご紹介します。

「第三次世界大戦がどのように行われるかはわからない。だが、第四次世界大戦が起こるとすれば、その時に人類が用いる武器は石とこん棒だろう」

さすがアインシュタイン。第三次世界大戦が起こるならば、この予測はほぼ間違いなく当たるでしょう。使用される武器は核爆弾であり、人類の大半は滅び文明は崩壊する。これは第三次世界大戦によって全ての文明が破壊され、人類は原始時代に舞い戻ってしまうというアインシュタインの「予測」です。

スカウターとは『ドラゴンボール』に出てくる、通信機能と生体探索機能を兼ね備えた装置のことです。スカウターがあれば、戦闘力が一目瞭然なので喧嘩も争いごとも起きないのではと考えます（笑）。

「予測」で言うと、例えば世界を席巻しているＧＡＦＡＭと呼ばれている企業(Google・Apple・Facebook・Amazon・Microsoft)があります。これらを何年も前から成長すると予測して投資していたら？　予測が人生において非常に重要だと分かりますね。今からではＧＡＦＡＭに投資しても、何百倍〜何千倍になるかと言われると厳しいかと思います。

ですから、予測してユニコーン企業を探すのです。ユニコーン企業とは「評価額10億ドル以上・創業10年以内・未上場のテクノロジー企業」のことです。ユニコーン企業を予測して探す。そして就職しても良いし、投資をしても良い。もちろん自分で起業できたら最高ですね。

さて、「新しい事を始めるのにいい日」と検索すると、「一粒万倍日」や縁起の良い日など、大量の情報が出てきます。

ですが、予測します。**「新しい事を始めるのにいい日」、それは「今日」です。**

「そのうち」なんてあてにならないさ今がその時さ

そこで馬のタイ君、どうしたら良いか？　アンテナを張る、角を生やしてみましょうか。ここでクイズです。うまに角を生やすと何になりますか？
ユニコーン！

『ムーミン・シリーズ』に出てくるスナフキンの名言です。

今日が一石を投じられた最初の日。私を信じて、未来を創造しようと考える方の参加を、明日もこの講堂でお待ちしています。

butterfly effect
予測し衝撃に備えよう

・好奇心を持って予測することで、より良い未来を発明できる

・全ての事象はつながっている。過去の情報から未来を予測し創造する

・人間万事塞翁が馬、予測して変化に対応しよう

言葉遊びを1つ。午（うま）に
角を生やすと牛になりますね。

第一章

時間

TIME

選択／集中

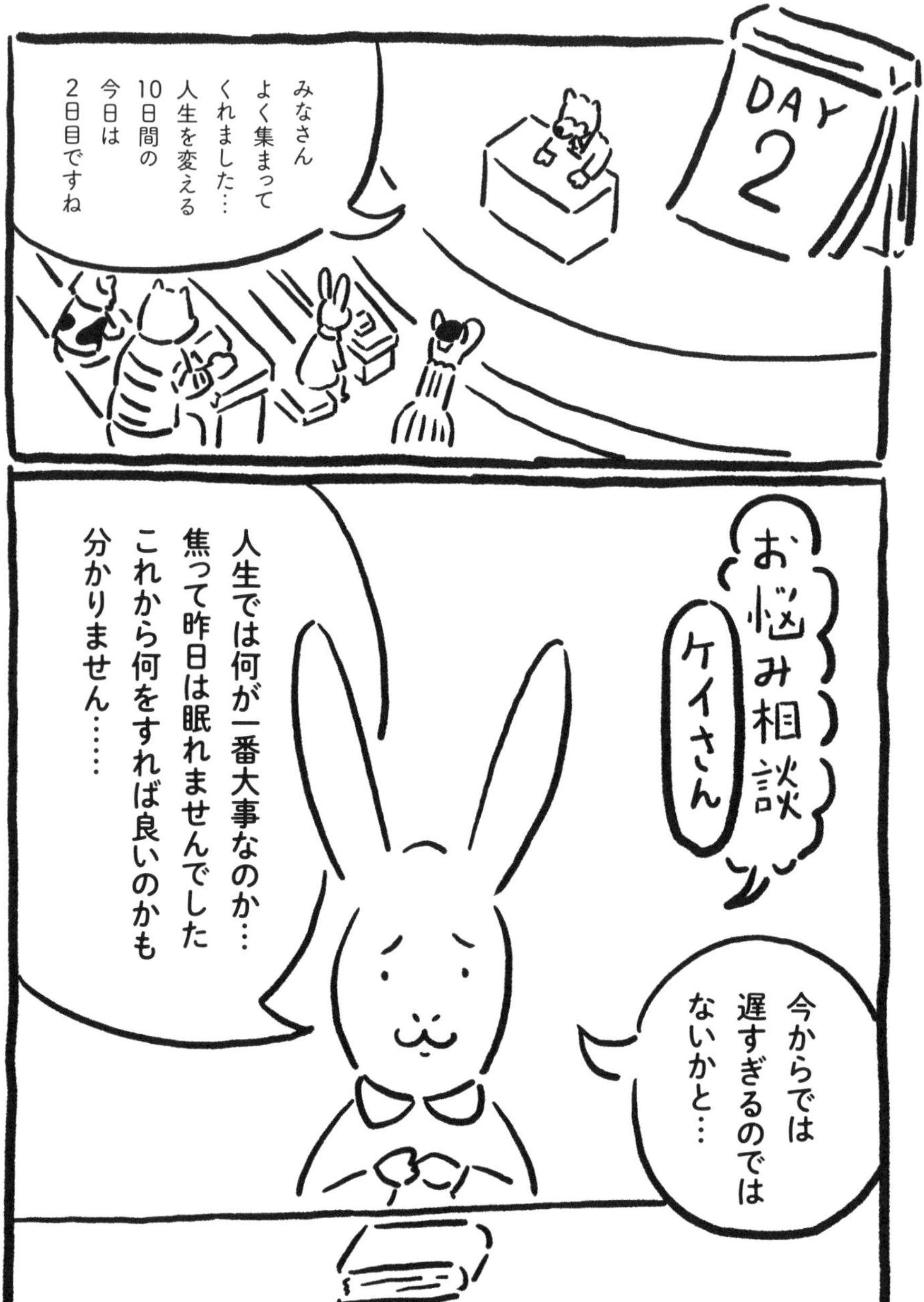
DAY 2
みなさん よく集まってくれました… 人生を変える10日間の今日は2日目ですね
お悩み相談 ケイさん
人生では何が一番大事なのか… 焦って昨日は眠れませんでした これから何をすれば良いのかも分かりません……
今からでは遅すぎるのではないかと…

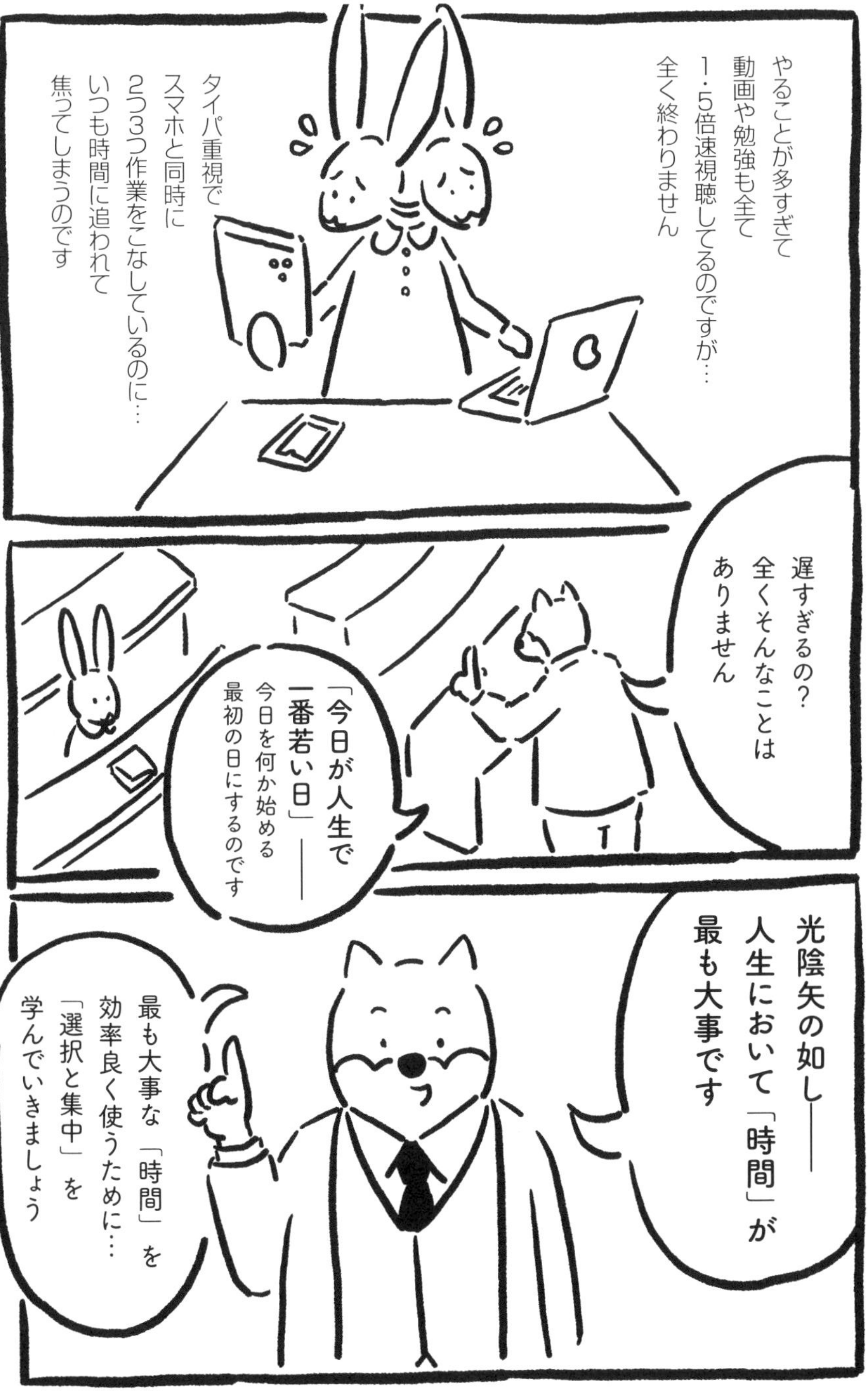
やることが多すぎて 動画や勉強も全て 1・5倍速視聴してるのですが… 全く終わりません
タイパ重視で スマホと同時に 2つ3つ作業をこなしているのに… いつも時間に追われて 焦ってしまうのです
遅すぎるの? 全くそんなことは ありません
「今日が人生で一番若い日」—— 今日を何か始める 最初の日にするのです
光陰矢の如し—— 人生において「時間」が 最も大事です
最も大事な「時間」を 効率良く使うために… 「選択と集中」を 学んでいきましょう

2日目

選択

CHOICE

これからの人生に必要な2つの武器――創造・金融をバランスよく強化していくために、限られた貴重な時間を活かすにはどうしたら良いか？　タイムパフォーマンス、いわゆる「タイパ」を最大限に上げるには？　貴重な時間で、何をするか「選択」し、いかに「集中」して武器を磨くかに尽きるでしょう。

タイパ重視で動画の倍速視聴、音楽はギターソロなんてスキップしてサビだけ聴取、映画は10分でまとめたファスト映画で十分。スポーツはダイジェストで結果だけ。スマホと同時に2～3をこなすのが当たり前……これって、エンタメを楽しんだと言えるのでしょうか？　どれも記憶に残っていない、つまりどれも面白くなかったという結果になってしまっているのでは？

食事の際、スマホをテーブルに置いているだけで、その食事は楽しさ・美味しさともに20％以上満足度が低くなるそうです。

焦りや苛立ちは、百害あって一利ありません。エレベーターの閉ボタンを連打する人、我先にと電車に乗って椅子に座る人、こんな人とは距離を取るようにしています（笑）。

今日は**人生において最も大事な「時間」**について講義します。

「ここに1000万円あります。差し上げるから、君たちの寿命を1年私にください」

そう言われたら、皆さんはどうしますか？　寿命をあげる訳ない？　バカバカしい？　そうですよね。ですが、皆さんが生きているこの国では、ほとんどの国民が400万円前後で貴重な人生の1年という時間を喜んで差し出しているのです。

この国の全国民平均年収が443万円。皆が貴重な時間を犠牲に1年社畜のように働いて、時間とお金を交換しているのです。まさしく、「Time is money」を体現していると言えるでしょう。

でも、本当に時間はお金と同じくらい大事なのでしょうか？

私は、こう思います。

「TIME ≠ MONEY、タイム　イズ　ノット　マネー」

もちろん、お金は大事ですが、**時間はお金とは比べ物にならないくらい非常に大事なものです。**

時間は有限。お金は無限。時間は限りある非常に貴重なモノですが、お金は無限に作ることができます。なのに、こんな無味乾燥なモノに囚われてしまって良いのでしょうか？　もちろん、良いはずがありません。

お金ではなく時間、つまり人生のほうが大事。

ではその人生を豊かに生きるために、どうしたら良いのでしょうか？

ビジネスに重要な要素は「ヒト・モノ・カネ」とよく言われています。ですが、人生で重要な要素は「ヒト・モノ・カネ＋情報＋時間」５つの要素です。中でも、最も重要な要素は「時間」です。

近年、若者世代の間では「異世界」や「転生したら」というワードが流行っています。ですが、真の人生を諦めて、生まれ変わったらとか、本気出してないとか、言っている場合ではないはずです。現実逃避は、それこそ時間のムダと言えるでしょう。

「最高の夢は目覚めている時に見る」という名言があります。

異世界や転生世界、仮想空間で最高の夢を見ても意味がないのです。

そもそも、「人生の3分の1は夢」なんです。睡眠時間が8時間だとすると、24時間の3分の1は夢の中ということです。否が応でも、仮想世界やバーチャルに逃避しなくても約3分の1は夢の中なんです。

睡眠の8時間に加えて、仕事に8時間。つまり生きるための8時間と生活する糧になるための8時間で合計16時間。残りは？　たったの8時間。自分のために使える貴重な時間は1日たったの8時間しかないのです。

8時間あれば十分？　怠惰に身を任せていれば、そう思うのも無理はありません。けれど、君たち若者世代はスマホ・YouTube等SNSになんと6時間も費やしている、という統計データもあります。

となると、残りはたったの2時間。それが自分のための時間です。

厳しい言い方をしましょう……サラリーマンの場合、仕事は会社のために働いて給料をいただいている。SNSは他人の自慢話を覗き見している。赤の他人のために働き、赤の他人の人生を見る。そんな人生で良いのですか？

「光陰矢の如し」――月日が過ぎるのは矢のように早く、放たれた矢は戻ってこないことから「過ぎ去った時間は戻ってこないこと」という意味で使われる格言です。少年老いやすく学成り難し、『時間』が人生において最も大事だ

「寝言は寝て言え」
ざわざわ
寝て仕事して…余る時間は8時間……

ということを強く認識して過ごしてください。

有名な**「ジャネーの法則」**――フランスの哲学者・ポール・ジャネが発案し、心理学者・ピエール・ジャネが著書で紹介した法則――もまた、皆さんの時間がいかに貴重かを教えてくれます。

ジャネーの法則は、「生涯のある時期における時間の心理的長さは、年齢の逆数に比例する（年齢に反比例する）」という法則です。生きてきた年数によって1年の相対的な長さがどんどん小さくなることによって、時間が早く感じるというわけです。

この法則によれば、1歳のときに感じる時間は1年分ですが、2歳の1年は「2年間の人生の半分＝2分の1」、1歳の1年よりも短く感じるそうです。同じように、3歳の1年は3分の1で感じる時間は3分の1、10歳の1年は1歳の1年と比べて10分の1に感じるということ。

歳を取るにしたがって、時間が経つのが早く感じるようになります。

「歳を取れば取るほど、1年が短く感じる……」

年配者、誰に聞いても同じ事を言うはずです。ジャネーの法則は、これを数

何を捨て、何を諦めるか。貴重な時間を効率的に使う。例えば私は、服装の選択や鏡の前で外見を確認することにほとんど時間を使っていません。これも「選択」。外見に時間を使わず、読書や運動で内面を磨くよう心掛けてきました。

値化したものだと言えるでしょう。

ジャネーの法則に沿って計算すると、90歳まで生きるとして「1＋1/2+1/3+1/4+1/5…………1/88+1/89+1/90」という割合で体感時間が減少していくことがわかります。

そして現在の皆さんが20歳で人生90年と考えると…なんと！　人生の半分が終わっているのです。

40歳にとって1年の長さは人生の40分の1ですが、20歳の君たちにとっては20分の1です。つまり、20歳の君たちにとっての1年間は40歳の私にとって2年分の価値があるということになります。20歳の君たちにとっての1日は、40歳の私にとっての2日、2倍の価値があるのです。

ざっくりと、非常に簡単な式で表してみましょう。

時間÷年齢＝価値――例えば1時間÷20歳＝2時間÷40歳

20歳の1時間は40歳の2時間に値する。だから、時間は非常に価値がある。

40歳の私はなんと人生の約85％が終わってますので、残り15％、めっちゃ貴重……

特に皆さんのような若い時代の時間は超貴重というわけです。

そして、資本主義の世界では「一般層は時間を売る。富裕層は時間を買う」と言われています。その人口比率は1％の富裕層と99％の一般層、富裕層は時間の価値を知っているのです。

最も大事で有限な時間を無限に作れるお金に換えて良いのですか？　皆さんは貴重な時間を有意義に活用していくよう、最も大事だと思うことに費やすべきでしょう。


ともあれ、残りの人生は半分。ここで「まだ半分もある」と捉えた人はポジティブ思考、「もう半分しかない」と捉えた人はネガティブ思考、と一般的には言われています。ですが、違う角度で解釈することもできます。

「まだ半分もある」と捉えた人は、残りの半分を無駄にしかねない。

「もう半分しかない」と捉えた人は、残りの半分を大事にしていく。

あなたはどう思いますか？　色々な角度から自分なりの解釈をする習慣を身につけてください。

では、ここで質問です。あなたは人生で大切なものは何だと思いますか？

「仕事・趣味や余暇・家族や友人・お金」——多くの方は4つのファクターが思い浮かぶのではないでしょうか。

いずれも創造と金融、2つの武器——創造力と金融力を貴重な時間を使って磨くことで、より豊かなものになると私は考えます。

世の中には、「これだけやれば大丈夫」とか「2時間で身につく」といった耳触りの良い言葉が溢れています。ですが、**そんな魔法はありません**。優れた良書から時間をかけて学び自分なりに解釈して、素晴らしい仲間や先生と対話して成長し、武器として身に着けていくしかないのです。

繰り返しますが、時間は限られています。貴重な時間で何をするか選択し、「集中」して何の武器を磨くか。タイムパフォーマンス、いわゆる「タイパ」を最大限に高めるには、このことを突き詰める必要があります。

現代は、受動的にスマホから情報やトレンドを手に入れられるからこそ、逆に、行動して能動的に情報を掴みに行くことが大事な時代です。書店や図書館には偶然の出合いや知との遭遇があるほか、最新のトレンドが分かるというメ

魔法があると強く主張する者は詐欺師ですのでご注意を（笑）。

リットがあります。ぜひ書店や図書館に通う習慣を身につけてみてください。

時間の選択と集中――1日24時間のうち、自由に使える時間をどう過ごすか？ 先ほどお伝えした通り、個人差はあるでしょうが1日に使える時間は8時間。インプットとアウトプットが大事。特にアウトプット＝運動を激推しします。

具体的なインプット例として、世界と経済の動きが分かるという点で厳選したのが以下の3メディアです。

TV：WBS
新聞：日経新聞
雑誌：週刊ダイヤモンド

この3メディアの視聴・購読を毎日1年続けてみてください。図書館などを利用すれば無料で購読できます。

毎日続ければ「行動」が「習慣」になります。脳は21日間やり続けると習慣と認識し、やらないと落ち着かないというレベルに変わっていきます。私もジムで毎日4㎞泳がないと、実際落ち着きません。

選択：幅広く情報を吸収しながら周辺の知識や様々な意見を学ぶ
集中：興味を持った分野や良書を集中して深く学ぶ

運動も激推ししたのは、**運動×知識が最強**だからです。

日本最大の企業、トヨタ自動車2代目社長・豊田喜一郎氏は、従業員や息子・章一郎氏に**「頭と体を鍛えよ。戦争で混乱していたから勉強をやり直せ」**と厳しく言い続けたそうです。体を鍛えることで、脳が鍛えられます。

怖いことに、運動をしないと脳が縮むそうです。うつ病の治療には薬よりも運動のほうが効果があると、2000年10月『ニューヨーク・タイムズ』紙でデューク大学の研究者が主張しています。

タイパ思考の高まりで、仕事の「マルチタスク化」、スマホを見ながら食事をする「ながら視聴」などが昨今主流になっていますが、個人的にはあまりおすすめしません。なぜなら脳はマルチタスクが非常に苦手なのです。「二兎を追う者は一兎をも得ず」、欲を出して同時に2つのことをやろうとすると、どちらも失敗してしまいます。そこで、何をするかの選択が重要になります。

インプットを「1年続けて」と言った理由は、世界と日本の広く深い情報を入手でき、自分の興味がないニュースとの偶然の出合いもあるからです。ネットニュースは優れた検索能力があり、自分の興味あるニュースや好きなタレン

食事を含むレジャーも、たまのご褒美なら良いでしょう。明日へのモチベーションを高めてくれます。

ト等のニュースに偏ってしまいがちなため、あまりおすすめではありません。

情報が氾濫している現代においては、選択と集中をしないことには、どんどん考える時間がなくなるばかり。結果、「やりたいことが分からない」「自分の好きなことが分からない」「自分のことが分からない」となってしまうのです。

というわけで、インプットはスマホやパソコンではなく、選択したメディアに集中するのが得策。「時間がなくて……」なんて言い訳をする前に、まずはスマホを脇に置くことから始めましょう。

流石にスマホをなくすことはできませんが、使用時間を減らしてみることは可能なはずです。いわゆるスマホ・デトックスです。

スマホ＋SNSの6時間を2時間に減らせたら、＋4時間が自分の武器を磨く有意義な時間に変えられる。そう強く意識しましょう。完全フリーの2時間を加えて合計6時間で、考え、自分の武器を磨くのです。

まずは行動。時間がない、お金がないと言い訳をせずに、まずは行動してみましょう。**次に読書。**「過去から学び、未来を創る」ことを日々考えてみてはいかがでしょうか？　昔の事を調べて、そこから新しい知識や見解を得ること。

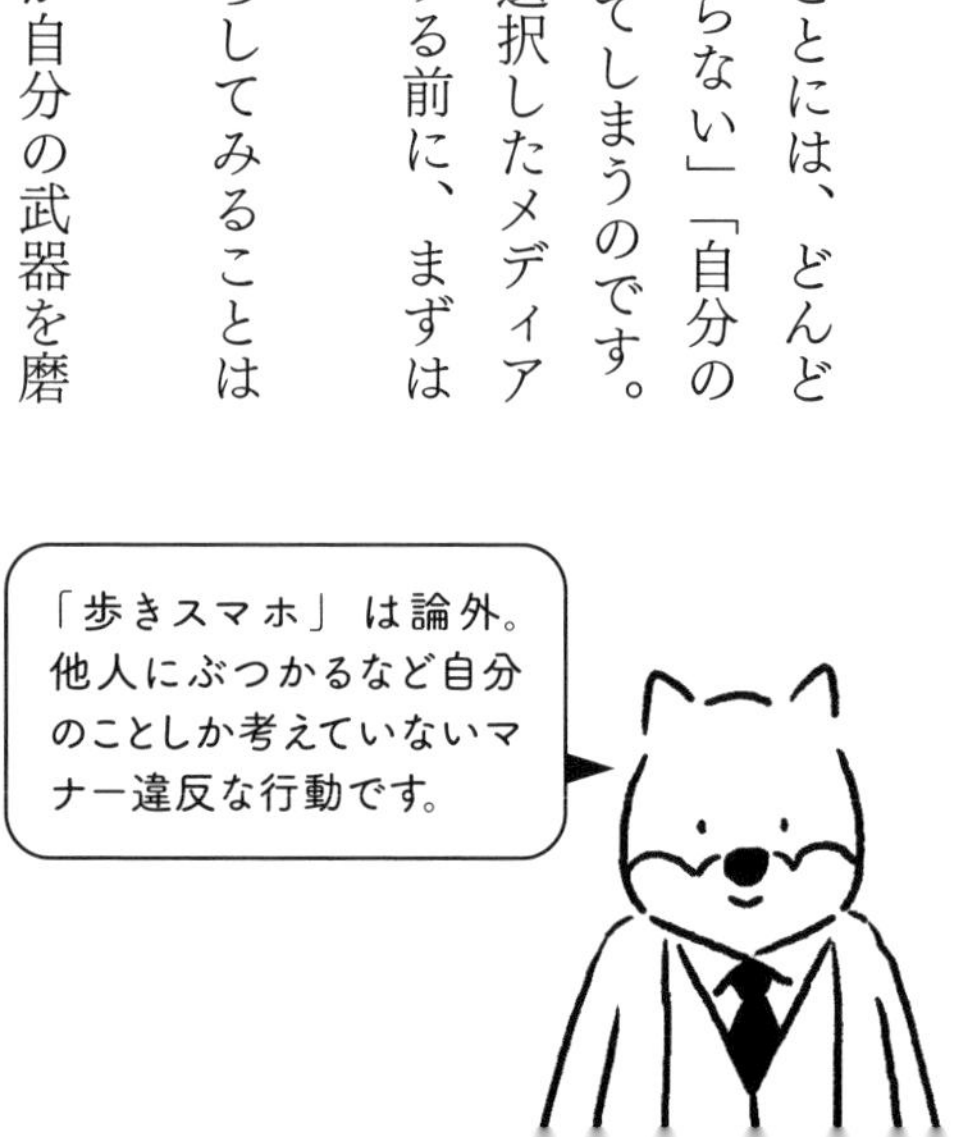
「歩きスマホ」は論外。
他人にぶつかるなど自分
のことしか考えていないマ
ナー違反な行動です。

故きを温ねて新しきを知る——「温故知新」です。
　本日の講義の最後に、タイパ思考の君たちへ、選択と集中で時間を有効活用するにはというお話を。

1000時間の法則×パレートの法則

「1000時間の法則」とは、一流ではないが「中上級者」になるためには1000時間の努力が必要、という法則です。また、一流として成功するには1万時間の努力が必要という「1万時間の法則」もあります。パレートの法則とは、「ほとんど全ての事象はほぼ8：2の比率に区分され、2割の要素が全ての事象を生み出している」というものです。

　これは私なりの解釈なので、異論はあるかと思います。ですが時間のない君たちにとって、リスクヘッジにもなりますし、効率的な解決法になると考えています。

　1000時間の法則とパレートの法則を、ざっくりと簡単に掛け合わせてみ

情報の入手？ネットじゃダメなんですか？
兎に角（とにかく）、スマホを置いて、考える努力をしようじゃないか

ます。1万時間の法則から、一流（100点=トップ）になるには1万時間必要、1日3時間で約10年間……。僕たちには時間がない。だが、中上級者（80点=上位20％）になるには1000時間で済む。1000時間なら1日3時間の努力で約1年。

パレートの法則から、「成果の8割は、費やした時間全体のうちの2割の時間で生み出している」。例えば年間1000時間あれば、2割の200時間を5本実行可能、成果8割の仕事がなんと5本もできるのです。

この2つを掛け合わせて、「完璧主義（一流）にこだわらず、ゆるくたった1割の時間と努力で上位20％でいいんじゃね。まずは上位20％を目指そうよ」というのが私の持論です。

私たちが勉学に努力できる時間が1万時間に限られていると仮定したら、1万時間かけて一流のスキル1本を身につけるよりも、1000時間×10で中上級者のスキルを10本身につけるほうが成功する確率が上がり、リスクヘッジにも繋がると考えます。

ゲーム風に言えば、**限られた貴重な「時間=ポイント」をどう効率良くステータスに振り分けるか？**

80点のスキルを100点満点に上げるには膨大な努力

1万時間の法則はマルコム・グラッドウェル氏が著書『Outliers』にて紹介し、広まりました。

と時間が必要。なので、効率良く３つのスキルをざっくりと約80点（≒上位20％）にすることを目標にする。

異次元過ぎて参考にならないかもしれませんが、「本物を知る」という意味で非常に良い例ですので再度、大谷選手をご紹介します。

２０２２年の成績は、投手では15勝９敗、防御率２・３３、アメリカンリーグ４位タイ。打者では打率２７３、アメリカンリーグ25位。本塁打34本、アメリカンリーグ４位。惜しくもＭＶＰはアーロン・ジャッジ選手になりましたが、投手でも打者でも世界トップリーグでの上位成績を残す大谷選手は、比類なき希少性を持った選手です。

大谷選手、ほとんど全てがスーパーな能力です。ですが、両部門ともトップ成績ではなかったですね。ア・リーグ投手部門のトップ、ニューヨーク・メッツのジャスティン・バーランダー選手は18勝４敗、防御率１・７５。打者部門のトップ、ニューヨークヤンキースのアーロン・ジャッジ選手は打率３１１、本塁打62本。トップのバーランダー選手とジャッジ選手をそれぞれ１００とみなすと、大谷選手は、ざっくりと投手力90×打者力85といったところでしょう

ガチで10割一生懸命やっても成果10割の仕事がたった1本。真面目な日本人はこのタイプかサボリーマンのどちらかがほとんどです。

か。

両部門ともにトップ成績ではなかったですが、2つ合わせると総合的には世界最高のトップ評価です。米『フォーブス』誌の発表によりますと、メジャーリーガーの年俸＋広告契約費等の2022年度年収は、
1位大谷翔平選手6500万ドル約85億円。

3位アーロン・ジャッジ選手4450万ドル。

4位ジャスティン・バーランダー選手4430万ドル。

加えてメディアへの受け答えも完璧で人格も素晴らしい。そんなスーパーな才能はない、ですよね。私もありません（笑）。ですが、私たち一般人でもローリスクで「自分のビジネス＝希少性」を持つことができる時代です。


賛否両論あると思いますが、複数のスキルを持ったジェネラリストのほうがスペシャリストに圧勝するという研究も存在します。アメリカアリゾナ州立大学などが行った調査では、S&P1500社約4500人のCEOを選び、2つのグループに分けました。全CEOの業績を比較したところ、スペシャリストに比べてジェネラリストの稼ぎが19％も高く、年収換算で平均約

1億2000万円の差となったそうです。実は、日米ともに経営者はほとんどがジェネラリストです。

参考までに私の経験則から成功事例を1つ。私のような多くの凡人は、この法則が効果的だと考えます。トップオブトップを目指すのは大変。私は持続力があまりないので、知力（学歴）も体力（運動）も上位20％に入れれば良いか、という幼少期からの考えが基になっています。

体力（運動）80：ボクシング15年×毎日4㎞のスイミング
知力（知識）80：1万冊の読書
魅力（趣味）80：87ヶ国の旅×バイク日本1周

仮に、ボクシングに100注いでいたらプロになれたか。怪我をしていたかもしれないし、プロにはなれなかったと思います。読書と勉強に100注いでいたら、頭でっかちの働かないおじさんになっていたかも。旅ばかりしていたら、ただ遊んでばかりなので、論外ですね。絶対とは言えませんが、今のような生活をできていた可能性は非常に低いと考えます。

チーム理論にも共通します。３人いたら、３人の能力が近いほうがチーム力が上がると言われています。

仮にチーム全体の能力値を１２０とすると、Ａ：１００、Ｂ：10、Ｃ：10、１人のエース＋２人の無能というチームよりも、Ａ：40、Ｂ：40、Ｃ：40のチームのほうが強いでしょう。チームの成果はＡ×Ｂ×Ｃ、掛け算をすると分かります。前者は１０００、後者は６４０００、圧勝です。賛否ありますが、毛利元就の「三本の矢」と同じです。**僕たちには時間がない。ですので、選択と集中で効果的に時間を味方にしましょう。**

うさぎのケイさんにはこの本を捧げます。

『不思議の国のアリス』ルイス・キャロル

私は幼少期にこの本を読んだ影響からか、時間に追われるというと懐中時計を持って「大変だ。遅刻する」と焦っているうさぎさんをまず思い浮かべます。のちにルイス・キャロルは、この白兎のことを「優柔不断」とも評しています。時間を大事にするには、優柔不断にならずに「選択」することが重要ということも暗に意味しているのではないでしょうか。

選択と言われても、今までの労力やお金と時間をムダにしたくない…。
サンクコストバイアスといいます。過去や古い関係にこだわりすぎると、本当に重要な事やチャンスを失ってしまいますよ。

「Carpe diem. 今を生きよ」
焦らず寛容に

- 人生において、時間が最も大事
- 1・5倍速で焦って生きるのではなく、「選択と集中」
- 「時間」に追われるのではなく、「余裕＝バッファ」を持つ

DAY 3
お悩み相談
トー太くん
「考える努力」って昨日言われたけれど……
やっぱりやりたいことが分からない…

自分に何ができるか分からない…
これからどうしたら良いのか決められない……
変化する必要も何もする必要もなく…のんびり暮らしていけば良いのでは？
この数年何もしていなかったから……力を入れた事も長所も何もない…
のんびり屋の亀さんらしい相談ですね
ですが…何もしないことが最大のリスク＝「怠惰」と私は考えます

3日目

集中

FOCUS

「選択と集中」が大事、と昨日講義させていただきました。

選択、つまり優先順位の考え方については、ビッグロックの法則を覚えて損はないでしょう。**「大きな岩と小さな岩」**という有名なお話です。

ある大学で教授が壺を教壇に置いて学生にクイズを出します。壺に大きな岩を詰め込み、「この壺は満杯か？」と問う。

学生は「はい」と答えますが、教授は今度は壺に砂利を埋めていき、また「この壺は満杯か？」と問う。

学生が「多分違います」と答えると、教授は今度は壺に砂を埋めていき、また「この壺は満杯か？」と問う。

学生が「いいえ」と答えると、最後に教授は壺に水を注ぎ込んでこう言いました。

「大きな岩を先に入れない限り、それが入る余地は、その後二度とないということだ」。

分かりやすく、これら「岩・砂利・砂・水」の代わりに「自分・家族・友人・仕事・名声・お金・趣味・健康」の8つから4つを選んでみましょう。何が正解ということはありません。ペットや恋人など他の項目が入る方もいると思います。

皆さんの人生にとって「大きな岩」とは何でしょう?

それは仕事だったり志だったり、愛する人だったり家庭だったり、自分の夢だったり――皆さんにとって一番大事なものを意味するはずです。この逸話は、それを最初に自分の軸としなさいと教えてくれているのです。

もしも皆さんが小さな砂利や砂、つまり自分にとって重要性の低いもので自分を満たしていけば、皆さんの人生は重要でない「何か」で満たされたものになってしまうことでしょう。そして大きな岩、つまり自分にとって一番大事なものに割く時間を失ってしまうことでしょう。

私個人としては、「家族・健康・友人・仕事」の順番です。黒歴史をお伝えすると、若かりし頃は「仕事・仕事・仕事・仕事」でした。後悔はしませんが、反省はしています……。
選べない……

ここで、改めて問います。皆さんの人生において大きな岩とは何ですか？

「仕事・趣味や余暇・家族や友人・お金」――それぞれ優先順位をはっきりとさせて、やりたいことに集中できれば、より豊かな人生が見えてくるはずです。

だから…始めましょう、**考える努力を。やりたいことを探す努力を。**


とはいえ、例えば「家族や友人が大事」というように、自分にとって何が大事かというところまでは明確でも、**そこから「何がやりたいのか」まで落とし込めている人は多くないでしょう。**

まず、皆さんは「やりたいこと」が分からない、ということが分かりました。私は、とても大きな一歩だと思います。分からないということが分かって、初めて「分かるようになりたい」と人は強く願うものです。


「やりたいこと」を見つけるために、まず自分の時代を3つに分けてみてください。

「過去に何をしてきたか」

「現在、何をしているか」

大切なのは、
自分のしたいことを
自分で知ってるってことだよ
@スナフキン

「未来に何ができるか」
最も大事なのは？

「他人と過去は変えられないが、自分と未来は変えられる」
「今、この時を認識すればよい。過去や未来を生きる必要はない」
カナダの精神科医エリック・バーン

動物園がなくなる――ああすれば良かったこうすれば良かったと言ったところで過去は変えられません。未来を変えるために今からどうするか？　それを知るには、自分の強みと弱みを知る必要があります。それは、**過去と現在から導き出せるはずです**。

誰しも強みの1つや2つはあるはずです。そして、**強みと弱みはたいてい裏表の関係にあるものです**。

強みは必ず「好き」から生まれます。好きなことを見つめ直すのも、強みを見つける手段です。たとえ今は強みじゃなくても、好きで努力を続けてさえい

面白いツールがあります。「MBTI」は、スイスの心理学者ユングの著書『心理学的類型』に基づいて、アメリカのキャサリン＋イザベル・ブリッグス・マイヤーが作成した自己申告型診断テストです。やってみると良いことや長所ばかり出てくるので、自分の強みを発見するのに最適です。

れば、やがて強みに変わるはずです。

また、友人や他の人に聞いてみるのも良いでしょう。ＡＩツールを活用するのもおすすめです。昨今、若者世代は「質問や相談をすることは恥だ」と感じてしまっているという声を耳にします。「無知の知」とお話ししたように、知らないことや聞く事は全く恥ではありません。どんどん聞いてください。持論ですが、35歳まではインプットの時代、35歳からはアウトプットつまり後進を育てる時代だと考えています。

どうでしょう。だいぶ自分のことがわかってきたのではないでしょうか？　自分の強みがわかったら、それが創造力と金融力に直結するのか？　直結しないまでも創造力や金融力につながる道はあるのか？　明日以降の授業を通して、ぜひ考えてみてください。

ここでは、強みを使って「どうありたいか」、そして強みを使ったり磨いたりするために「何をすべきか」を考えましょう。それが、「やりたいこと」につながるからです。

例によって、ここで質問です。TO BEとTO DOはどちらが大事でしょう?

TO BE――自分がどうありたいか。こういう生き方がしたい、こういう状態でありたいという、自分を軸に置いた価値基準のこと。

TO DO――すべきこと。しなければならないこと。

「どうありたいか」があって初めて、「すべきこと」が成立するのですから、前者が重要なのは言うまでもありません。けれど、それを考えるのが難しい。とてもよくわかります。

簡単に言うと、**「目的＝TO BE」**と**「手段＝TO DO」**です。

バックキャスティング思考という考え方をここでは推奨します。「将来のゴール、未来の自分」をイメージして、そこから振り返って現在すべきことを考える思考法です。未来のTO BEをイメージして現在のTO DOを考えるようにしてみましょう。我が国では「一生懸命勉強しなさい→そうしたら良い大学や良い会社に入れるから」というフォアキャスティング思考のほうが一般的です。そうすると「目的」がどうしてもぼやけてしまうんですよね。どちらが良い悪いではないので、悩みは尽きません。

シェイクスピアの『ハムレット』にも、皆さんの悩みを代弁したような有名なセリフがあります。

To be, or not to be: that is the question.

矛盾に満ちた優柔不断なハムレットの性格が強く表現されているこのフレーズは、「生きるべきか死ぬべきか、それが問題だ」と訳される場合が多いようです。けれども私はハムレットが父親の仇を討つべく苦悩している姿から「このままで良いのか？ 良くないのか？ それが問題だ」と、「このまま何もしないのか、状況を変えるのか？」と生死に捉われず広義に捉えたほうが正解だと思っています。

ハムレットのTo be, or not to be で悩んでいる時間はないのです。「TO BE =自分がどうありたいか」つまり、「やりたいこと」を最優先でやりましょう。他人に「やれ」と言われたことを気にしすぎていては時間の無駄使いです。

人の目なんか気にしないで、

周りの目が気になって、「自分がやりたい」よりも「友人と一緒」を優先してしまいます…。
私のように人の目を気にしないで暮らしていたら、原始時代では真っ先に猛獣に食べられていましたね（笑）。

思うとおりに暮らしていればいいのさ

また、スナフキンの言葉です。彼のようにありたいと思っても、なかなか真似のできる生き方ではありません。皆さんもそうなのではないでしょうか。私たちは良くも悪くも社会的な生物だからです。

原始時代以来、群れを作って生き延びてきた私たちは、他者の目を気にし、猛獣等の脅威に敏感に反応し、ビクビクと周りを警戒して生きてきた先祖の子孫なのです。この記憶が本能に刷り込まれているからこそ、私たちは意識的にやらないと「他者を気にしない」という事ができないのです。

とはいえ現代は原始時代ではないので、この過剰な危険察知能力は不必要な能力です。皆さんだったらまず、SNSで他者の「いいね」や評価を気にしないことから始めてみるのが良いでしょう。

一億総メディアと言われる時代、他人を傷つけること（犯罪）も自分を傷つけること（自傷）も時間の無駄だと私は思います。賛否あると思いますが、自意識過剰・自己顕示欲・自尊心の高さが昨今のSNS騒ぎを引き起こしていま

「ナルシスト」ギリシア神話のナルキッソスからきた言葉ですね。美青年ナルキッソスは水面に映る自分に恋して、そのまま離れることができなくなってしまい、やせ細って死んでしまいましたという神話です。

す。「自意識過剰」と検索すると、少し意味は違いますが「ナルシスト」という言葉も出てきます。

もし「やりたいこと」の輪郭がおぼろげながらも見えてきたら、**「どこでやるか」**を考えることに時間を使いましょう。

我が国には４００万社以上の会社があります。上場している会社だけでも３８８６社、日経平均株価の銘柄に選ばれた企業は２２５社。Core 30と言われる我が国を代表する会社は30社——中小企業で99・７%。我が国だけでも、これだけの数があるのです。可能性は無限大、もちろん起業するという手もあります。

もしも選んだ場所で「やりたいこと」ができなかったら、転職すればいいだけの話です。

「変化」は現状を失うことではありません。新しい世界を得ることです。プラスであり、マイナスではありません。

選択して集中するためには「変化」が必要。私はそう思います。多様性diversityが重要視される現代において、就職や転職は一生ものではありません。

転職と言えば……『ドラゴンクエスト3』にも8つの職業がありましたね。少年だった当時は、遊び人がレベル20で賢者になれるのが理解できなかったのですが、大人になった今、この転職システムの素晴らしさが理解できます。
「本当の賢者とは、遊びを極めた者のことである」。奥深い。

「わが社を3年以内に辞められない人は三流です」

リクルートの創業者・江副元会長の言葉です。人生100年、転がり続けて行こうじゃありませんか。「Change」を「Chance」に変えてください。

また、**「変化」は「挑戦」の中から生まれます。**Challenge の中には Change が隠されていますね（笑）。

そういう意味で、閉園は皆さんにとってチャンスなのだと私は思います。怠惰から抜け出して、本当に豊かな人生を歩み始めるきっかけにしましょう。

本日の最後に有名なお話を1つ。限られた時間の使い方や楽しみ方とは何かを教えてくれる、「メキシコの漁師」というお話です。

メキシコの田舎の漁村で、メキシコ人の漁師に対してアメリカ人のコンサルタントは、こう尋ねた。

「すばらしい魚だね。どれくらいの時間、漁をしたの？」

「そんなに長い時間じゃないよ」

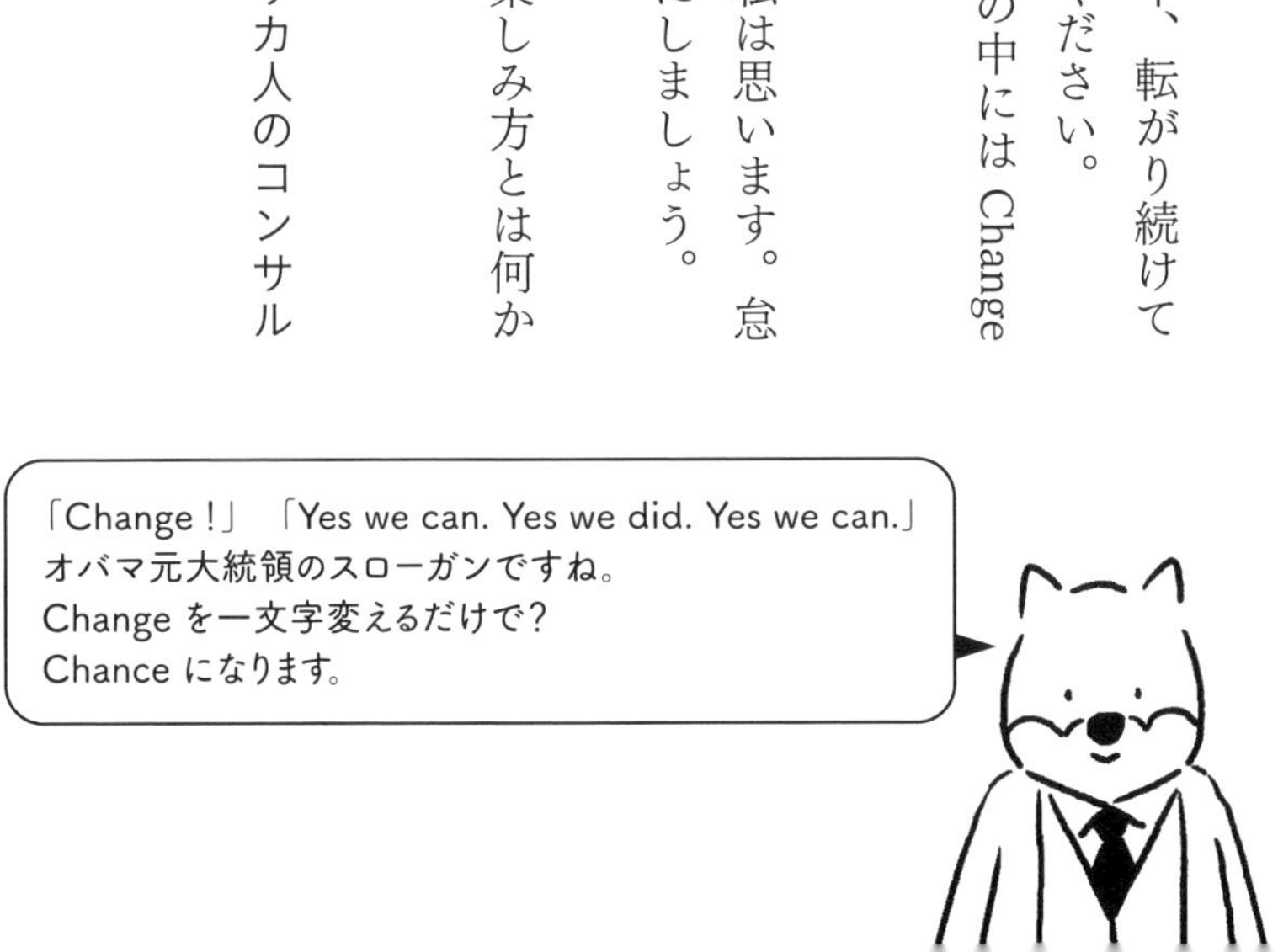
「Change !」「Yes we can. Yes we did. Yes we can.」
オバマ元大統領のスローガンですね。
Change を一文字変えるだけで？
Chance になります。

「もっと長い時間、漁をしたら、もっと魚が獲れますよ」

「自分と家族が食べるには十分だよ」

「あまった時間で何をするんだい？」

「ゆっくり寝て、漁に出る。仕事が終わったら子どもや妻と過ごして、夜になったら友人と一杯やって、歌をうたって、これで1日は終わりだね」

「アドバイスしよう。毎日もっと長い時間、漁をして働くべきだ。あまった魚は売る。お金が貯まったら漁船を買う。漁獲高は上がり、儲けも増える。やがて大漁船団ができて、自前の水産品加工工場を建てる。そして、村を出てマンハッタンに大きな会社を持つんだ」

「そうなるまでにどれくらいかかる？」

「おそらく25年。今度は株を売却して、億万長者になるのさ」

「それで？」

「引退して、海岸近くの村に住んで、ゆっくり寝て、日中は釣りをしたり、子どもや家族と過ごして、夜になったら友人と一杯やって、歌をうたって過ごすんだ。すばらしいだろう？」

いかがでしたか？　小さなことや身近にあることから人生の豊かさや幸せを感じるというお話だと私は思います。怠惰はリスクだとお話しましたが、漁師が怠惰だということではありません。人生で何を優先するかを知っていながら、お金や仕事のために人生の限られた時間を浪費してしまうことは豊かな人生ではないと私は考えます。

「もっとお金がほしい。もっと成功したい」などと欲を出さずに、等身大で生きる。欲が強く幸福度のハードルが高いと、幸せになるのは非常に厳しくなります。例えば、家族でファミレスに行く、友人と居酒屋で談笑する、この些細な日常を幸せと思えるかどうかが大事なのではないでしょうか。人それぞれ価値観が違いますが、高級車、高級腕時計、ブランド服とブランドバッグ…私自身は全く興味がありません。

「**足るを知る**」、自然とともに生きる「等身大」の生き方が理想なのではないでしょうか？

余暇・趣味・家族・友人・仕事・お金……。**人生において何を優先し、重要視して時間を使うのか。**「人生とは、時間とは何か？」と考えさせられますね。

マクドナルドのポテトが揚げたてだと幸せ（笑）。

ハードル低っ！

「適当」は「相応しい」「程度が良い」、「いい加減」は「良い加減」「好い加減」という「ちょうど良い」というのが本来の意味です。背伸びもへりくだりもせず、等身大を意識するのも1つの生き方だと思いますよ。

「Time waits for no one」時間は待ってくれません
怠惰、何もしないことが最大のリスク

- **Just do it, now! やってみなはれ**
- **ありたい自分を優先する**
- **「良く遊び、良く学べ」**

02

第二章

情報

MEDIA

温和／勤勉

DAY 4
お悩み相談
ラスくん
昨夜…じっくりと考えてみました
だからといってこれから何をすべきなのかが分からない…

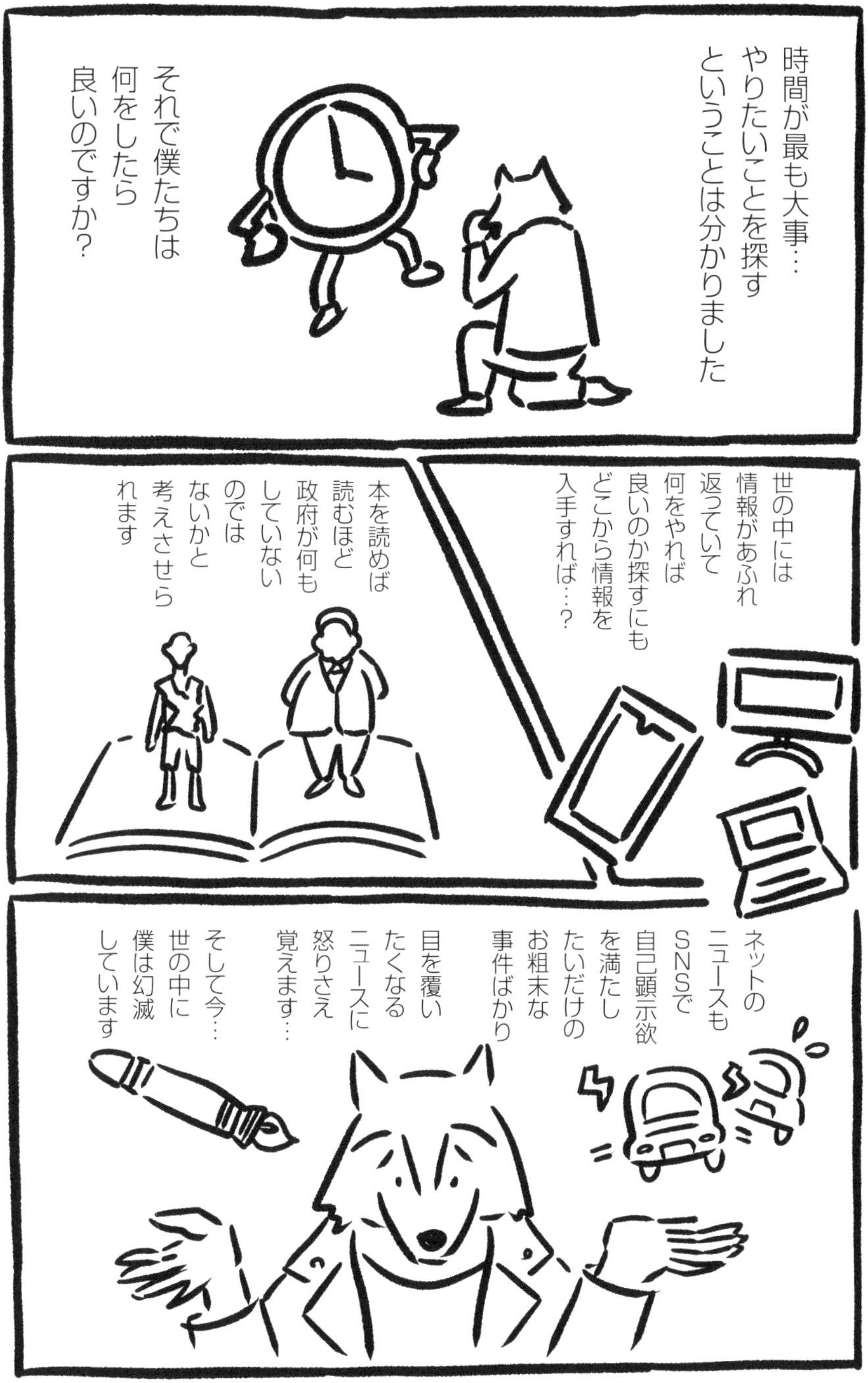
時間が最も大事…
やりたいことを探す
ということは分かりました
それで僕たちは
何をしたら
良いのですか？
世の中には
情報があふれ
返っていて
何をやれば
良いのか探すにも
どこから情報を
入手すれば…？
本を読めば
読むほど
政府が何も
していない
のでは
ないかと
考えさせら
れます
ネットの
ニュースも
SNSで
自己顕示欲
を満たし
たいだけの
お粗末な
事件ばかり
目を覆い
たくなる
ニュースに
怒りさえ
覚えます…
そして今…
世の中に
僕は幻滅
しています

4日目

温和

GENTLENESS

ありがとう。時間が最も大事だという事を分かってくれましたね。ラス君の憤怒する気持ちも分かります。

ＩＴ技術やＳＮＳの発達により、暴力事件やＳＮＳによる自己顕示欲案件が可視化されています。連日報道されるお粗末な犯罪者が起こす事件――回転寿司店での犯罪、使用済みの爪楊枝を戻し気色悪い笑い声をあげる者、あおり運転や店員さんにイキる者を目にすると、有名になりたい・金持ちになりたいという「承認欲求お化け」が増えたように思われるかもしれません。

ですが、昔からそういう輩はいました。ただ、目につくようになっただけなのです。彼らとの付き合い方の正解は、古今東西、変わっていません。**君子危うきに近寄らず、非学者論に負けず、愚人は夏の虫**です。

「憤怒」してそういう輩と関わる時間ほどもったいない事はありません。ここ

私見ですが、愉快犯や迷惑動画という言葉は間違っていると考えます。愉快犯は全く愉快では無いですし、迷惑動画は犯罪動画と強い表現に変えていくべきでしょう。

は、辛いですが**温和と忍耐、そういう輩とは関わらないのが一番です**。自分の武器を磨き上げていくことに専念しましょう。

これからの人生、皆さんは理不尽な言い分・おかしな相手に数多く出会うことでしょう。

馬鹿を相手にしても、絶対にプラスにはなりません。「世の中には、そういう人もいる」と分かったら、迷惑系や炎上系・暴露系などの情報はシャットアウトするべきだと言えるでしょう。馬鹿に注意して指導しても直りません。その馬鹿や悪い人のために使う時間を大切な人や良い人のために使うことが、限りある貴重な時間の有意義な使い方だと考えます。

そうは言っても、馬鹿は向こうから寄って来るものです。私も、ある伊豆の温泉に行ったときに遭遇してしまいました。

それは、気持ち良く露天風呂に浸かっていたときのこと。驚くべきことに、子どもが露天風呂の岩に立って奇声を上げ、お風呂の中に立ちションをしだしたのです。私はすぐに露天風呂から飛び出て、「ぼく、ここでおしっこしたら駄目だよ」と笑顔で優しく諭しました。

短気は損気。アンガーマネジメントでは、6秒ルールが有名です。おかしな相手に遭遇してカッとなった時は、6秒待って温和に寛容な姿勢で怒りを鎮めましょう。

その後、風呂上がりにフロントで、その子が私を指さして父親とともに近づいてきました。謝りに来たのかと思って「大丈夫ですよ～」と言った直後、「なに人んちの子どもに説教たれてんのや！」と掴みかかられ激昂されてしまい……。そのカウンター攻撃たるや、しばらく立ち直れないほどでした。あおり運転やお弁当屋・コンビニでのカスハラ（カスタマーハラスメント）ニュースに驚かなくなったのはこのトラウマのせいだと思ってます。

それ以来、私はイヤな事があっても、「ありがとうございます！　面白ネタをいただきました」と寛容な気持ちを保つよう努めています（笑）。

脱線しますが、カスハラの話を。「お客様は神様です」と長く日本では伝えられてきましたが、現代ではこの考えは間違いだと私は考えます。全てはフラットな関係、対等であるべきです。横柄な態度もへりくだる態度もすべきではない。買い手も購入したり利用できないと困る訳ですから。「終身雇用」により、従業員は会社を辞めづらいという、制度の弊害。企業が「辞めるわけないだろう」と従業員を守らず、過度なお客様神話を作り出してしまった。お客様が最上位、次に企業、最下層に従業員という歪んだヒエラルキー。

そういう輩は
ぶっ飛ばせば
良いんですよ。
力は守るため
に使うのです。

今では、AIの発達で「お前」「あやまれ」「土下座」等の暴言があった場合、すぐに本部や警備会社に通報されるシステムが創られています。このシステムが広がるよう期待したいです。

さて、情報をシャットダウンする話はこれくらいにして、改めて情報力、いわゆるメディアリテラシーについて学んでいきましょう。メディアを利用する技術や伝えられた内容を自分の頭で分析する能力です。

2日目の講義後、皆さんは図書館へ足を運んでくれましたね。素晴らしい。本との出合いは自分を磨きます。書店や図書館には知との偶然の出会いがあります。とはいえ、**本は1日約200冊、月に約6000冊、年間7万1903冊も新刊が刊行されています**（総務省2019年）。絶対に人生の中で読み切れません。

にもかかわらず現実に目を移すと、残念な数字が目につきます。

47・3％（文化庁2019年）——現代人の約半数。この数字が何を意味するか分かりますか？　これは1ケ月に本を全く読まない人の割合です。現代人

参考までに、恋人を「お前」という人は避けたほうが良いですよ。DVやモラルハラスメント予備軍ですので。

の約半数が1ケ月の間に1冊も本を読んでいないのです。
確かに電車に乗ると、80％程度の方はスマホを眺めています。これでは、豊かになれるはずもありません。かのスティーブ・ジョブズ氏も「iPad はおろか、全てのデジタル機器について、わが子のスクリーンタイム（視聴時間）を厳しく制限している」と言ったとか。マイクロソフト創業者のビル・ゲイツ氏も、子どもが14歳になるまでスマホを与えていません。

では、どうしたら良いか？

約半数が本を読まないのなら、読めば良いだけですね。本を読みましょう。
しかし月に約6000冊、ビジネス書だけでも月約500冊も刊行される本の中から、どれを読めば良いのか。どの本を参考にして「創造力」と「金融力」を磨けば良いのか……。

ここでも、「選択」が重要になってきます。
人生は洗濯の連続です。もとい、**人生は選択の連続です**（笑）。世の中を富裕層と一般層に二分して考えてみましょう。富裕層と一般層の違いは、「選択」にあります。

人間は知りすぎるぐらい知っているが、実行することはあまりに少ない。
@バックミンスター・フラー

一般層は、１つの情報源だけを信じる傾向があります。情報源はＳＮＳや検索で簡単に入手し、偏ったその考えを鵜呑みにする――聞く・見る・読むのインプット中心というわけです。

一方、富裕層は日頃から多角的に情報を収集しています。多くの人と会い、話し、情報を選択し、自分なりの考えを持って書く癖がある――行動・話す・書くのアウトプット中心です。

つまり、一般層の貧乏習慣は、インプット中心の偏ったＳＮＳとネットサーフィン。**富裕層の富裕習慣は、アウトプット中心の運動脳をフル活用した行動と読書です。**

氾濫する「情報」をいかに効率良く選別していくか。

耳触りの良い情報や言葉に惑わされないようにするには。

本日の講義で「情報」＝メディアリテラシーの武器を身につけてください。

まずは情報＝ＮＥＷＳという言葉から学んでいきましょう。

ＮＥＷＳの語源はNEW thingsです。私は子どもの頃、「ＮＥＷＳの語源は

現代人が1日に触れる情報量は江戸時代の1年分、平安時代の一生分とも言われています。

東西南北（North East West South）から来てる！」と発見した記憶がありま す。ですが、Google検索してみたら、同じ（誤った）発見はとっくに多々されていました。そして、Newspaperとは東西南北の過去と現在のイベントレポート（past and present event report）だそうです。

ともあれ、情報が氾濫し、変化の激しい時代をどう生き抜くか。そのためには、何が正しくて何が間違っているかを自分自身で正しく判断する必要があります。**氾濫する情報から正しい情報を「選択」する**必要があるのです。

情報が溢れる世の中において、言葉や文章の表現、着目する部分、立場や性格、経験や知識などに十人十色の違いがあるのは論を俟《ま》たないでしょう。例えば円柱は横から見れば四角ですが、上から見れば円に見えます。見る角度、立場から全く違うモノに見えてしまうものは、ごまんとあります。

誰もが同じ答えになるような情報を得るのはとても困難なことです。

現代では優れたＡＩ技術やGoogle検索により、自分の考えに偏った情報が飛び込んでくる状況に陥っています。１＋１＝２というような、必ずしも明確

YouTubeやSNSで犯罪や誹謗中傷が溢れて、世の中がドンドン悪くなっているようです…。
実は犯罪や暴力は歴史上減ってきています。AIの発達で可視化されるようになっただけなんです。

な答えがあるとは限りません。誤った情報を信じてしまい、自分の知識や経験にしてしまうことは非常に危険です。

情報の切り取り方次第で、グリム童話ヘンゼルとグレーテルなら「道に迷った兄弟に優しく食事や寝床を提供したおばあさんを、兄弟は惨殺した」、桃太郎なら「鬼ヶ島に住む鬼に暴力を振るった挙句、金銀財宝を奪い、その後幸せに暮らした」という見方もできます。前半部分の欠如や、なぜおばあさんを殺さなければならなかったのか、なぜ鬼退治をしたのかという情報がないと、こんなことになってしまう。どこを切り取り、伝えるかで全く違った見解になってしまうのです。無茶苦茶ですが、できてしまうのです。

情報は角度や切り取り方で様々な解釈ができる。なので、私の講義が全て正解ということではありません。

皆さんにはぜひ、円柱は円柱だと判断できるような、多角的な視点を持っていただきたいと思います。そのためにも多くの情報や人に接し、自分なりの「思考」を持つことが非常に重要なのです。

キーボードを叩く音がうるさい人や改札機にカードを強く叩きつける人とは距離を取るようにします。
そうですね（笑）。寛容な心で。

ここで質問。「正義」の反対は何でしょう？

一般的には悪が正解とされます。ですが、「正義」の反対は、「相手の正義」だとも考えられます。円柱の例と同様に、見る角度、立場で全く違う考え方になってしまう。ウクライナ紛争も同様です。

「パンが無ければ、ケーキを食べればいいじゃない」

フランス革命のひきがねともなった、王妃マリー・アントワネットの名言は、飢餓と重税に苦しむ国民の貧しさを理解しようとしない、傲慢で贅沢三昧な王妃の無教養ぶりを露呈する、大変ネガティブなものとして有名です。

ですが、これは濡れ衣説が濃厚。フランスの哲学者、ジャン・ジャック・ルソーの自伝『告白』における「ある大変に身分の高い女性」の言葉がオリジナルではないかと言われています。しかし、ルソーの自伝に登場する「ある王女」が、マリー・アントワネットであるはずがないのです。なぜならば、この自伝が書かれたのは１７６５年。当時、マリー・アントワネットはまだ9歳…。

情報や名言は、時代とともに耳に心地良い言葉や都合の良い言葉に変化していっているケースが多々あります。ですから、多くの情報を選択して自分で考

える事が必要となります。

このように、**情報を「選択」するには知識を持っているか、賢く想像する必要があります**。その意味で、グリム童話の『百姓と悪魔』はうってつけのテキストだと言えるでしょう。自分の畑で、金銀財宝の上に座る悪魔を見つけた農夫のお話です。

農夫が自分の畑にある宝はぜんぶ自分のものだと主張すると、悪魔は畑に実るものの半分（地上部分）を自分にくれればその宝をやると言います。そこで農夫はカブの種をまいて葉っぱだけをくれてやり、悪魔が今度は地下部分を寄越せと言うと、麦をまいて悪魔に何も与えずに金銀財宝を手に入れるのです。

古来より、世の中は知識のある者・賢く想像した者が勝つようにできているのです。とはいえ、この話には続きがあって、腹を立てた悪魔は大きな石を投げつけ、ドイツにはそんないわれの石が今も残っているとか。

出し抜いて勝負に勝っても、悪魔は何をしてくるか分からない。現代のすぐキレる承認欲求者を予言しているかのようです。

日本昔ばなしにも同じような話、埼玉県秩父に働き者の百姓と鬼の『上半分下半分』というお話があります。おそらく、オリジナルはグリム童話でしょう。

現代は一億総メディアと言われる時代です。情報が氾濫する時代、ＳＮＳでの誹謗中傷、他人を傷つけること（犯罪）も自分を傷つけること（自傷）もしないでいただきたいと思います。

本日の最後に格差社会について。格差社会は非常に問題です。特に世代間格差と男女格差は、今後さらに問題が大きくなることでしょう。

世代間格差。昨今の超金融緩和政策によって、高齢の既得権益層が持つ住宅や株式の価値が押し上げられ、住宅や株式を持っていない若年層にとっては非常に厳しい時代となりつつあります。既に韓国やアメリカでもその予兆が出てきており、今後日本の若年層も住宅所有が困難になるだろうと予測されます。

男女格差。『ジャパンタイムズ』によりますと、日本は女性が指導的地位に立つことへの否定的な見方が文化的に根付いているとのことです。そのため、政治的にも経済的にも女性の指導者が育ちづらく、女性議員の割合は10％と世界最低水準。女性役員・管理職は全体の15％に過ぎず、女性の所得は平均すると男性の約半分というのが現状です。指導者や権力者が上にいる以上、非常に残念ですが男女格差の拡大が予測されます。この閉塞感を打破するために

暴露系や迷惑系、そんな愚かな情報からは距離を置くのが一番。仲間だと思われてしまいますよ。好きの反対は無関心です。

は、私たちがゲームチェンジャーとなるべく行動をしなければならないと考えます。

ここで、情報を1つ——我が国は社会的弱者に冷たい国と言われてしまっています。なぜでしょう?

世代間格差と男女格差——動物園を出て社会に出た皆さんは、この2つの格差を痛感するはずです。

「水は低いところへ、金は高いところへ流れる」さながら、既得権益に守られた年配者の年金を若者が負担する世界。そして、1人暮らし女性の3人に1人が貧困層であるという調査結果は、同じ能力・同じ仕事をしていても、男女間で出世や給与に差が出てしまう世界を象徴していると言えるでしょう。

男女格差を測る指標「ジェンダーギャップ指数」は146ケ国中、日本は116位、人生の自由度・生活の満足度が如実に反映される世界幸福度指数は47位。この2つの指数からNEWSを紐解き、「自分」で判断してみましょう。

日本の残念さはさておき、下の表を見ると、男女格差がない国と幸福度のラ

ジェンダーギャップ指数

1位	アイスランド
2位	フィンランド
3位	ノルウェー
4位	ニュージーランド
5位	スウェーデン

出典:世界経済フォーラム『グローバル・ジェンダー・ギャップ報告書2022』

世界幸福度指数

1位	フィンランド
2位	デンマーク
3位	アイスランド
4位	スイス
5位	オランダ
6位	スウェーデン
7位	ノルウェー

出典:『World Happiness Report(世界幸福度報告書)』2023年

ンキングは、ほぼ一致していることが分かります。フィンランドはムーミンやスナフキンの故郷で、世界幸福度指数は6年連続1位です。ここから導き出される仮説は、以下のようなものでしょう。

男女格差をなくせば幸福になれるのでは？

　ここまで考えて「TO BE＝幸福度指数を上げるのに貢献したい」という大志を抱けたら、TO DO は自ずと決まってきます。そう、「男女格差をなくすこと」、そして、まずは男女格差のない世界を知るために「北欧5ヶ国を視察する旅へ」となるわけです。もちろん、視察の旅に出かけるための TO DO もたくさん出てくることでしょう。

情報やヒトに接することでしか、「やりたいこと」は見つかりません。それも、正しい情報を正しく判断して初めてビジョンが描けるのです。

情報を多方面から収集しながら分析評価をし、創造的に自分のモノとし自己表現をしていくにあたっては、様々な意見や情報の取捨選択が必要になります。

優れたＡＩ技術による偏った情報に惑わされないよう、多くのヒトに会い、生の声を聴くことをおすすめします。

ラス君へはこの本を捧げます。
シートン動物記『狼王ロボ』（アーネスト・トンプソン・シートン）
実はこれ、実話なんですよ。精鋭の群れを統率するロボの賢さや最愛の妻ブランカへの愛、狼と人間どちらが正義なのかを改めて考えていただきたい。誇り高き狼になれ。

「温和勤勉」
温和な心で情報を読み解き、思考を磨く

・情報も選択と集中。
氾濫する情報を選択し、有意義な情報に集中し探求する
・アンテナを張る時代から、良い情報を選択する時代へ
・寛容な気持ちで情報に接し、「憤怒」から「忍耐」へ

DAY 5
お悩み相談 ホワイティさん
レックス園長に言われて…この4日間貪るように本を読みました
とても厳しい現実を突きつけられた気分です

特に、アル・ゴア氏の『不都合な真実』にはショックを受けました
地球温暖化と気候変動――祖国の
北極では氷が溶けだして地球は熱を持った病気状態……
全く知りませんでした地球どころか日本の事も知らずにのんびりと動物園で何もせず過ごしていた自分が情けない……
日本では格差社会が広がっているという本も数多く読みました
物価が上がって生活も厳しい…特に私の好きなマクドナルドが値上げしたのは痛いです…
動物園以外の世界を知りたい…知って行動を起こしたいと思ったのですが何をしたら良いのでしょうか？

昨日の講義で多くの情報やヒトに接することをおすすめしました。ヒトに接する際には、マーケティングが役立ちます。

マーケティングは「顧客と企業の友好的な関係を創るための戦略」で、「顧客が何を求めているか」を突き詰めていくことです。この「顧客」を「他者」に置き換えると、ビジネス以外にも適用できる、と言うと意外に聞こえるでしょうか？

この世には自分と他者しかいません。そして、他者を理解するには「共感」が大切です。そういう意味で、マーケティングの**「他者という存在を理解して何を求めているか探る」**手法は、非常に有効だと言えるでしょう。

というわけで、ここからはマーケティングの基礎中の基礎をお話ししていきます。まずは、「**5W1H**」から。

いつ／どこで／何を／誰が／なぜ／どのようになるのか？
when／where／what／who／why／how

他者とのコミュニケーションにおいて「相手に分かりやすく伝えること」が大切で、その基本が「5W1H」なのです。

5W1Hの中で特に重要なのはhowです。how「どのように」とは物事に対しての解決提案だからです。who「顧客」に対してwhat「価値」を提供するためのhow「解決法」ということです。

だから私は、「稀代のマーケターは誰か？」と問われれば、「一休さん」と答えます。足利義満将軍の無理難題に対して、面白いhowを提案し、解決していく稀代のマーケターです。そこで、『一休さん』や『吉四六さん』、『まんが日本昔ばなし』を読むことをおすすめします。大人になってからこそ、学びが必要です。

続いては「**PDCA**」。ビジネスでよく使われる言葉で、計画／実行／評価／改善（plan／do／check／action）の繰り返しで、プロジェクトの確度

彼を知り己を知れば
百戦危うからず
@孫氏の兵法

を高めるしくみです。４つの要素で特に重要なのはdoになります。

市場や顧客＝他者が何を求めているかというニーズの変化に対応することが、企業業績に大きく影響するようになったため、ＰＤＣＡのフレームワークが重要視されるようになりました。

「**ＳＷＯＴ分析**」も紹介しておきましょう。これは自社や自分の強みや弱みを分析する手法です。「内部環境」と「外部環境」、２つの側面から現状を把握する手法ですので、自分と他者との両側面から今後の方針や改善策を考えていきます。

強み／弱み／機会／脅威（Strength／Weakness／Opportunity／Threat）の４カテゴリーに分けて他社や自社を理解する＝**マーケティングを学ぶことで、ビジネスはもちろん、就職活動・転職活動、ひいては人生にも役に立ちます。**まずは自分の長所・短所・チャンス・ピンチで分析してみるといいでしょう。

「**ＰＰＭ分析**」はProduct Portfolio Managementの略で、「市場成長率」と「相対的市場シェア」を軸にしたバブルチャートで事業を、花形／金のなる木／負け犬／問題児（Stars／Cash cows／Dogs／Question marks）の4タイプに分類し、その収益性を分析するフレームワークです。1970年に、世界的な戦略コンサルティング会社「BCG（ボストン・コンサルティング・グループ）」の創業者であるブルース・ヘンダーソン氏が考案し一大ブームとなりました。

「**A《ア》I《イ》D《ド》M《マ》Aの法則**」も、行動経済学において、消費者行動を考える際に知っておきたいフレームワークです。行動経済学は心理学と経済学を合わせた学問で、まさに「他者という存在を理解して何を求めているか探る」経済学ですので、学んでみると面白いです。

注意／関心／欲求／記憶／行動（Attention／Interest／Desire／Memory／Action）という流れで消費行動をモデル化したこの法則は、インターネットが普及する以前は、消費者行動を分析するには最適でした。消費者が商品情報を得るにはテレビや新聞広告などのマスメディアに限られていたからです。

しかし、2000年代になりインターネットが普及すると、消費者の購買行動に変化が起きました。消費者はこれまでマスメディアを通じて商品情報を受け取る立場にありましたが、インターネットで自ら情報を探すようになり、さ

AISASを提唱した日本最大の広告会社、電通。電通鬼十則という有名な格言があります。現代の若者にこそ知っておいてもらいたい格言なので、searchしてみたらいかがでしょうか。

らに購買後には情報を広める行動をするようになったのです。

そこで生まれたのが「**AISAS**《アイサス》**の法則**」と呼ばれる消費者の購買行動モデルです。電通が提唱したこのモデルは、AIDMAからDesire（欲求）とMemory（記憶）がなくなり、代わりに消費者の行動としてSearch（検索）とShare（共有）が追加されています。

AIDMA＋AISASで最も大事なのは行動（Action）です。後日「創造」の講義で詳細を説明します。

私個人としては、AIDMA→AISAS→AISATSUが最も大事だと講義しています。ダジャレですが、「AISATSU＝挨拶」です。外部との関係性を考える際に、欠かせないのが挨拶、そして「礼」だと私は考えています。「礼」とはマナー力です。

立場・身分・学歴・年齢で態度を変えていないか、店員に横柄な態度をしていないか、動物園の警備員さんへ挨拶しているか、老人に席を譲っているか。**「実るほどこうべを垂れる稲穂かな」**ということわざを持ち出すまでもなく、**常に謙虚でいられるかが大切です**。

礼節がある人は、無礼な人の1.2倍以上の人脈や出世スピードだそうです。

「日々のマナー＝心がけ」は、思考・行動となって自然と習慣となって現れます。学ぶことに遅すぎることはありません。今からでも「礼」を学んでいきましょう。

礼節がある人は幅広い人脈を持ち、出世が早いという特徴があります。ビジネスにおいても、ちょっとしたプライベートな事柄でも、誰にでも推薦できる、信頼できる人です。

「礼」の一部である「挨拶」は、言うまでもなくコミュニケーションの入り口です。ありがとう・おはよう・いただきます・お疲れ様・すみません等、人間関係を円滑にするこれらの言葉は、交流の基本として最も大事な要素だと私は考えています。今後の人生を豊かにするための基礎中の基礎と心がけるとグッド。他者と良好な関係を構築することで、雪だるまのように情報の質が上がり量も増えていくことでしょう。

挨拶とは少し外れますが、英語の「After you.（お先にどうぞ／あなたの後でいいっすよ）」という言葉が私は大好きです。エレベーターで降りる際は必

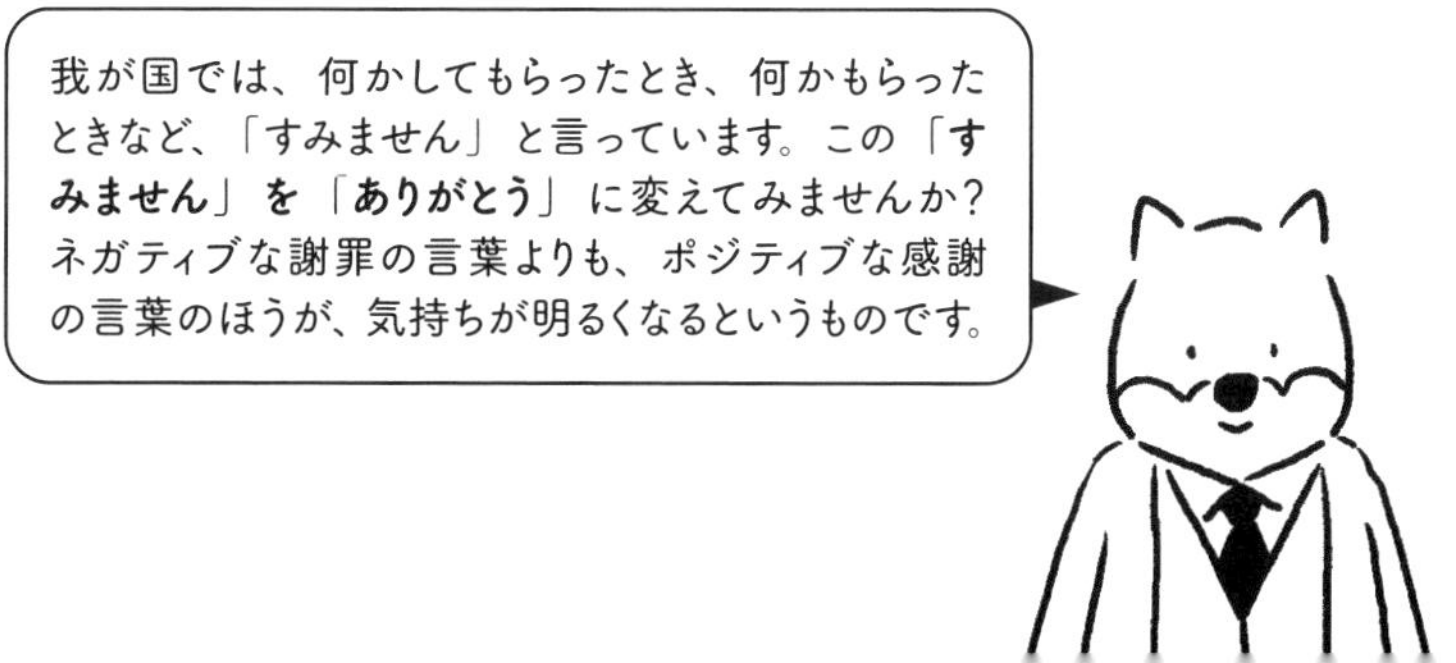
我が国では、何かしてもらったとき、何かもらったときなど、「すみません」と言っています。この「**すみません**」を「**ありがとう**」に変えてみませんか？ネガティブな謝罪の言葉よりも、ポジティブな感謝の言葉のほうが、気持ちが明るくなるというものです。

ず開ボタンを押して「お先にどうぞ」と言うように心がけています。
一秒でも待ちたくない、一ミリでも譲りたくない、一円でも損したくない――そんな思いに溢れるギスギスした現代社会には、譲り合いの精神が必要だと思います。

外部との関係性で言えば、「生物から学ぶ」のも重要なファクターです。食物連鎖は、まさに外部との関係性で成り立っています。有名な物語や格言にも、動物や昆虫がよく出てきます。

例えば、イソップ童話の『アリとキリギリス』。「アリが善でキリギリスが悪」、日頃からコツコツ働きましょうというお話ですが、現代の視点で考えると、キリギリスを見捨てたアリは薄情だと糾弾されてしまいそうですね。私見ですが、アリでもキリギリスでもどちらでも良い、そこに誇りを持ってほしいと思います。

「働きアリ」と言われますが、働いているアリは20%しかいません。働かないアリも、自分の25倍ある重さを運べる程の強さを持つ力持ちなのにもかかわらず、です。ということで、**「働かないアリになるな、強いアリになれ。**

「レディーファースト」も私は当然のことだと思って生きてきたのですが、昨今のSNSやニュースでは違う考えの方も多くいらっしゃるそう。先日お話した「相手の正義」…他者との関係は難しい。学び尽くすということはないでしょう。

を持て」という解釈をしたいと思います。

働かないアリと言えば、今話題の**「働かないおじさん」問題**。できれば関わり合いたくないと思っている方が大半かと思いますが、果たして本当に彼らから有益な情報や学びを得ることはないのでしょうか？

働かないおじさん――いわゆる妖精さんたちは、必ず皆さんたちに会社名・大学名・役職・年齢を聞いてきます。

特に我が国の妖精さんは、肩書とカテゴライズが大好きです。特に「世代カテゴリー」は意味のない象徴だと言えるでしょう。なぜ無意味か？　それは、カテゴライズされた人々を一律に金太郎飴の存在として見てしまうからです。カテゴライズするまでは「多様性」を意識していても、カテゴライズされた人々の「多様性」は認めないからです。

退職しても会社や役職にしがみつく
おじさんたちが増えているそうです。
退職した会社の名刺を配り続ける
……皆さんはそうなりたいですか？

最近よく耳にする「○△世代」は、カテゴライズの典型だと言えるでしょう。
いわゆる働かないおじさんたちが含まれる「X世代（1965〜1980年生まれ）」、おっさんの好物「ゆとり世代（1987〜2003年生まれ）」が含まれるのが「Y世代（1981〜1994年生まれ）」、そしてデジタルネイティブと言われもてはやされているのが「Z世代（1995〜2009年生まれ）」です。

たとえあなたがZ世代とちやほやされていたとしても、そのカテゴライズ自体に疑問を持つようにしてください。**個を強くする——あなた自身の武器を磨くことだけを考えるようにしましょう。**

ちなみにZ世代の初年度、1995年生まれは小学校から高校までの12年間全てゆとり教育。究極のゆとり世代、フルゆとり世代と呼ばれています。けれど、だから何だと言うのでしょう。**生まれた年代、もっと言えば生まれたところや皮膚や目の色で、いったい誰の何が分かると言うのでしょう？**

ここから考えられることは、妖精さんは「そこにしか、すがるものがない」という仮説です。やはり得るものはなさそうですが、ここで注意したいのは、

失われた30年、頭でっかちの評論家が大量増殖しました。否定や非難、批判ばかりの評論家ではなく、行動できる挑戦者を目指しましょう。

X世代の全員が「妖精さん」ではない、ということ。

では、ちゃんと働いているように見えるおじさんからなら、有益な情報や学びが得られるのでしょうか？　残念ながら、ここからは「個体差」の話になります。昆虫や動物の行動と同様に、「ちゃんと働いているように見えるおじさん」にも、個体差があるのです。


彼らから得られる情報の中で、最も意味のないのが「居酒屋での武勇伝」です。これは「働かないおじさん」の得意技であるかのように思われがちですが、油断していると「ちゃんと働いているように見えるおじさん」も思いきりブチかましてきます。はっきり言いましょう。「その時間は無駄である」と。挙句の果てに、まさかの割り勘だったら目も当てられません。タイパもコスパも最悪です。

私も、経験あります。というか、そういう経験しかありません（笑）。

特に記憶に残っているのは、まだ私が20代だった会社員時代のこと。上司に食事に誘っていただき、1万円のお菓子を持ってご自宅へお伺いしました。お菓子を受け取った上司はお礼も言わず、すぐに格安焼肉屋へ移動。上司家族3

人＋同僚夫婦2人＋私の計6人。武勇伝を語られる苦痛の3時間が終わろうとしたそのとき、事件は起こりました。

なんと会計の3万円を3家族で3分割しようというのです。若かった私は「いやいや、そこはせめて人数割りでは？　家族割りって、こっちは1人やし」と言うこともできず、「どんなタイパ＆コスパなん……社会って厳しいな…」と思いながら家路についたのです。

今なら、「ありがとうございます！　ネタをいただきました」と笑えるかもしれませんが、あの時は放心状態だったのを覚えています（笑）。

というわけで、おじさんとの付き合いについては、特に慎重に選択する必要があります。近年はハラスメント問題の意識が浸透したためか、絡まれることが少なくなったようですが、無益と判断したらすぐにでもシャットアウトする勇気が必要だと言えるでしょう。

そうでした。ホワイティさんの最後の質問は、金融力にも関係する物価の質問でしたね。

物価の動きを理解するのに必要な情報と言えば、「**消費者物価指数**」という

園長、そろそろ時間っぽいので物価高について有益な情報をお願いします……

指数があります。別名「経済の体温計」とも言われ、物価の変動や現在の経済状況を判断して政策にも活用できる指数です。

この消費者物価指数を見ると、２０２２年5月時点では前年比で、日本は2・5％上昇、アメリカは8・6％上昇、イギリスは9・1％上昇、アルゼンチンではなんと、60・7％も物価が上がっていることがわかります。

ホワイティさんの相談に出てきたマクドナルドも、物価の重要な指数と関係があります。いわゆる、「**ビッグマック指数**」です。

ビッグマックは全世界でほぼ同一品質のものが販売されているため、ビッグマック指数は総合的な購買力の比較に使用されます。

次ページの表を見ていただくと分かる通り、我が国のビッグマックは非常に安いですね。２０２２年7月に３９０円、２０２３年1月に４５０円まで値上がりしましたが、それでもまだ安い。スイスは９２５円、アメリカは７１０円です。日本の価格ランキングは41位。けれど、２００２年時点では、5位でした。

私が世界を旅していた時代は円が非常に強く、ほとんどの国の物価を安く感

もしアンテナを張るなら、グローバルに。
世界では約10％近くの物価上昇に対して、日本はまだ2.5％。世界の潮流になぞらえて考えると、まだまだ物価は上がりますよ。

2022年7月「ビッグマック指数」ビッグマック世界価格ランキング

順位	国名	価格（円）	価格（USドル）	価格（各国通貨）	BMI（%）	地域
1	スイス	925	6.71	6.50（スイス・フラン）	+30.33	ヨーロッパ
2	ノルウェー	864	6.26	62.00（ノルウェー・クローネ）	+21.63	ヨーロッパ
3	ウルグアイ	839	6.08	255.00（ウルグアイ・ペソ）	+18.14	中南米
4	スウェーデン	771	5.59	57.00（スウェーデン・クローナ）	+8.53	ヨーロッパ
5	カナダ	724	5.25	6.77（カナダ・ドル）	+1.97	北米
6	アメリカ	710	5.15	5.15(USA・USドル）	0.00	北米
7	レバノン	700	5.08	130,000.00（レバノン・ポンド）	-1.40	中東
8	イスラエル	682	4.95	17.00（イスラエル・新シェケル）	-3.97	中東
9	アラブ首長国連邦	676	4.90	18.00(UAE・ディルハム）	-4.84	中東
10	ユーロ圏	657	4.77	4.65（ユーロ）	-7.47	ヨーロッパ
11	オーストラリア	638	4.63	6.70（オーストラリア・ドル）	-10.18	オセアニア
12	アルゼンチン	630	4.57	590.00（アルゼンチン・ペソ）	-11.27	中南米
13	サウジアラビア	624	4.53	17.00（サウジアラビア・リヤル）	-12.09	中東
14	イギリス	612	4.44	3.69（イギリス・ポンド）	-13.79	ヨーロッパ
15	ニュージーランド	610	4.43	7.10（ニュージーランド・ドル）	-14.03	オセアニア
16	ブラジル	586	4.25	22.90（ブラジル・レアル）	-17.53	中南米
17	バーレーン	585	4.24	1.60（バーレーン・ディナール）	-17.59	中東
18	シンガポール	585	4.24	5.90（シンガポール・ドル）	-17.66	アジア
19	クウェート	583	4.23	1.30（クウェート・ディナール）	-17.88	中東
20	チェコ	548	3.97	95.00（チェコ・ルナ）	-22.88	ヨーロッパ
21	コスタリカ	539	3.91	2,650.00（コスタリカ・コロン）	-24.12	中南米
22	ニカラグア	534	3.87	139.00（コルドバ・オロ）	-24.80	中南米
23	スリランカ	513	3.72	1,340.00（スリランカ・ルピー）	-27.72	アジア
24	オマーン	508	3.69	1.42（オマーン・リアル）	-28.38	中東
25	クロアチア	508	3.68	27.00（クロアチア・クーナ）	-28.46	ヨーロッパ
26	チリ	505	3.66	3,400.00（チリ・ペソ）	-28.89	中南米
27	ホンジュラス	498	3.62	89.00（ホンジュラス・レンピラ）	-29.79	中南米
28	ポーランド	495	3.59	16.68（ポーランド・ズウォティ）	-30.32	ヨーロッパ
29	ペルー	492	3.57	13.90（ペルー・ヌエボ・ソル）	-30.67	中南米
30	カタール	492	3.57	13.00（カタール・リヤル）	-30.69	中東
31	中国	490	3.56	24.00（中国・人民元）	-30.93	アジア
32	韓国	483	3.50	4,600.00（韓国・ウォン）	-32.00	アジア
33	タイ	482	3.50	128.00（タイ・バーツ）	-32.12	アジア
34	コロンビア	480	3.48	14,950.00（コロンビア・ペソ）	-32.41	中南米
35	メキシコ	473	3.43	70.00（メキシコ・ペソ）	-33.41	中南米
36	グアテマラ	464	3.36	26.00（グアテマラ・ケツァル）	-34.67	中南米
37	ヨルダン	447	3.24	2.30（ヨルダン・ディナール）	-37.11	中東
38	パキスタン	435	3.16	700.00（パキスタン・ルピー）	-38.70	アジア
39	モルドバ	429	3.11	60.00（モルドバ・レウ）	-39.63	ヨーロッパ
40	ベトナム	406	2.95	69,000.00（ベトナム・ドン）	-42.78	アジア
41	日本	390	2.83	390.00（円）	-45.07	アジア
42	アゼルバイジャン	382	2.77	4.70（アゼルバイジャン・マナト）	-46.26	ヨーロッパ
43	フィリピン	380	2.75	155.00（フィリピン・ペソ）	-46.51	アジア
44	トルコ	369	2.68	47.00（トルコ・リラ）	-48.04	中東
45	香港	369	2.68	21.00（香港ドル）	-48.05	アジア
46	ハンガリー	365	2.65	1,030.00（ハンガリー・フォリント）	-48.59	ヨーロッパ
47	台湾	346	2.51	75.00（ニュー台湾ドル）	-51.31	アジア
48	マレーシア	338	2.45	10.90（マレーシア・リンギット）	-52.44	アジア
49	エジプト	335	2.43	46.00（エジプト・ポンド）	-52.85	アフリカ
50	インド	329	2.39	191.00（インド・ルピー）	-53.61	アジア
51	南アフリカ	323	2.34	39.90（南アフリカ・ランド）	-54.52	アフリカ
52	インドネシア	322	2.34	35,000.00（インドネシア・ルピア）	-54.62	アジア
53	ルーマニア	315	2.28	11.00（新ルーマニア・レウ）	-55.70	ヨーロッパ
54	ベネズエラ	243	1.76	10.00（ベネズエラ・ボリバル・ソベラノ）	-65.77	中南米

出典：The Economist「Big Mac index」、「世界経済のネタ帳」（https://ecodb.net/ranking/bigmac_index.html）
※ 2022年7月時点のデータ（1ドル =137.87円）

じました。ですが、現代では中国や海外諸国の爆買いに象徴されるように、我が国の物価は非常に安くなっています。

ここでもグローバルな視点が必要です。我が国で年収1000万円を自慢したり、2人合わせて世帯年収1400万円だから「パワーカップル」と勘違いしてしまうと、**「井の中の蛙大海を知らず」**という状況になってしまいます。我が国の年収1000万円は先進諸国の中では普通です。ましてや日本の平均年収443万円では、厳しい言い方をすると「貧民層」になってしまいます。「1億総中流」と呼ばれていた時代から「1億総貧民」となってしまっているのです。

2人合わせて世帯年収1400万円……外の世界を知っていたら、「全くパワーないカップル」だと分かるはずです。皆さんは知らず知らずのうちに、**「茹で蛙」になってしまっているのかもしれません**。

蛙が入っている冷たい水を火にかけ、水温を徐々に上げていくと、蛙は温度変化に気づかず逃げ出さないため、最後は熱湯で茹で上がって死んでしまうと

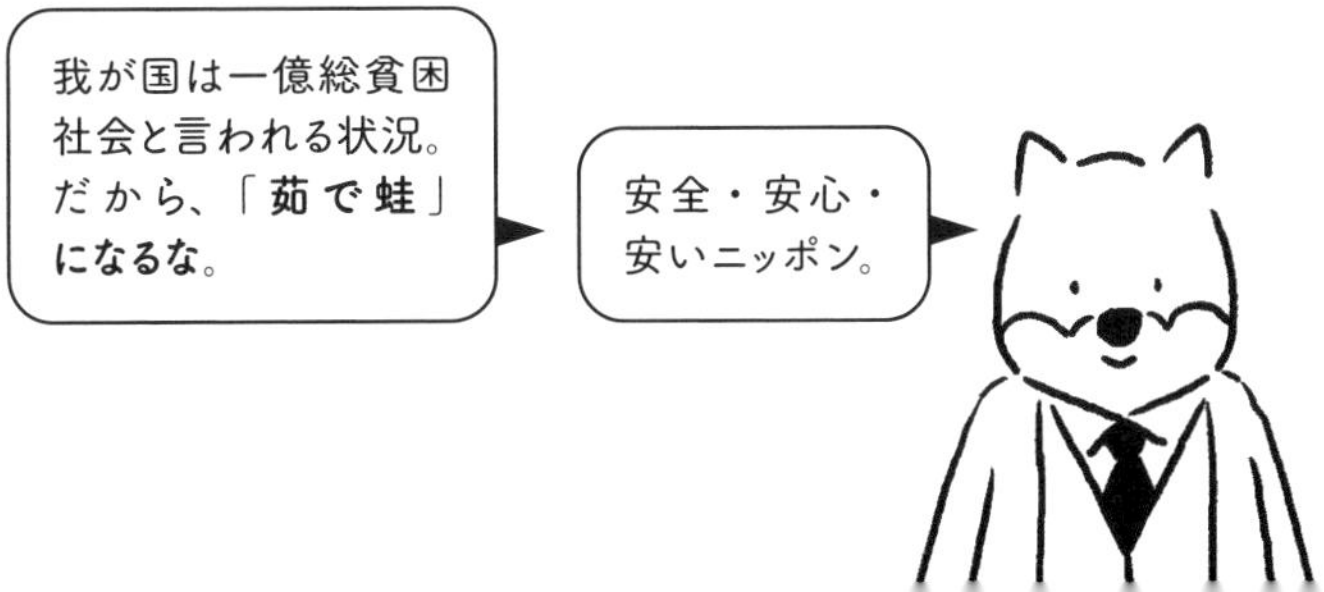
我が国は一億総貧困社会と言われる状況。だから、「茹で蛙」になるな。
安全・安心・安いニッポン。

いう例えです。これは蛙に限った話ではなく、「状況の変化が緩やかだと、迫りくる危機になかなか気づけない」ことを表す寓話です。

厳しい言い方をします。この動物園がなくなるのは、まさに「温度変化に気づかなかった」からではないでしょうか？

ここに集まったホワイティさんや皆さんは知らないということを知る**「無知の知」**を知りました。そして、ここにいる。ちゃんと行動しているのです。

「井の中の蛙大海を知らず」という言葉には、続きがあります。

「されど、空の蒼さを知る」

確かに井戸の中の蛙は広い海があることを知らないが、井戸から見える空の蒼さなど、井戸の中の世界に長くいたからこそ見えるものを知っているという意味です。

「井の中の蛙大海を知らず」とは、「見識が狭い」とか「狭い世界のことしか知らない」というネガティブな意味ですが、「されど、空の蒼さを知る」という続きが加わることで、「狭い世界にいるからこそ、その世界の深いところや細かいところをよく知っている」というポジティブな意味になります。

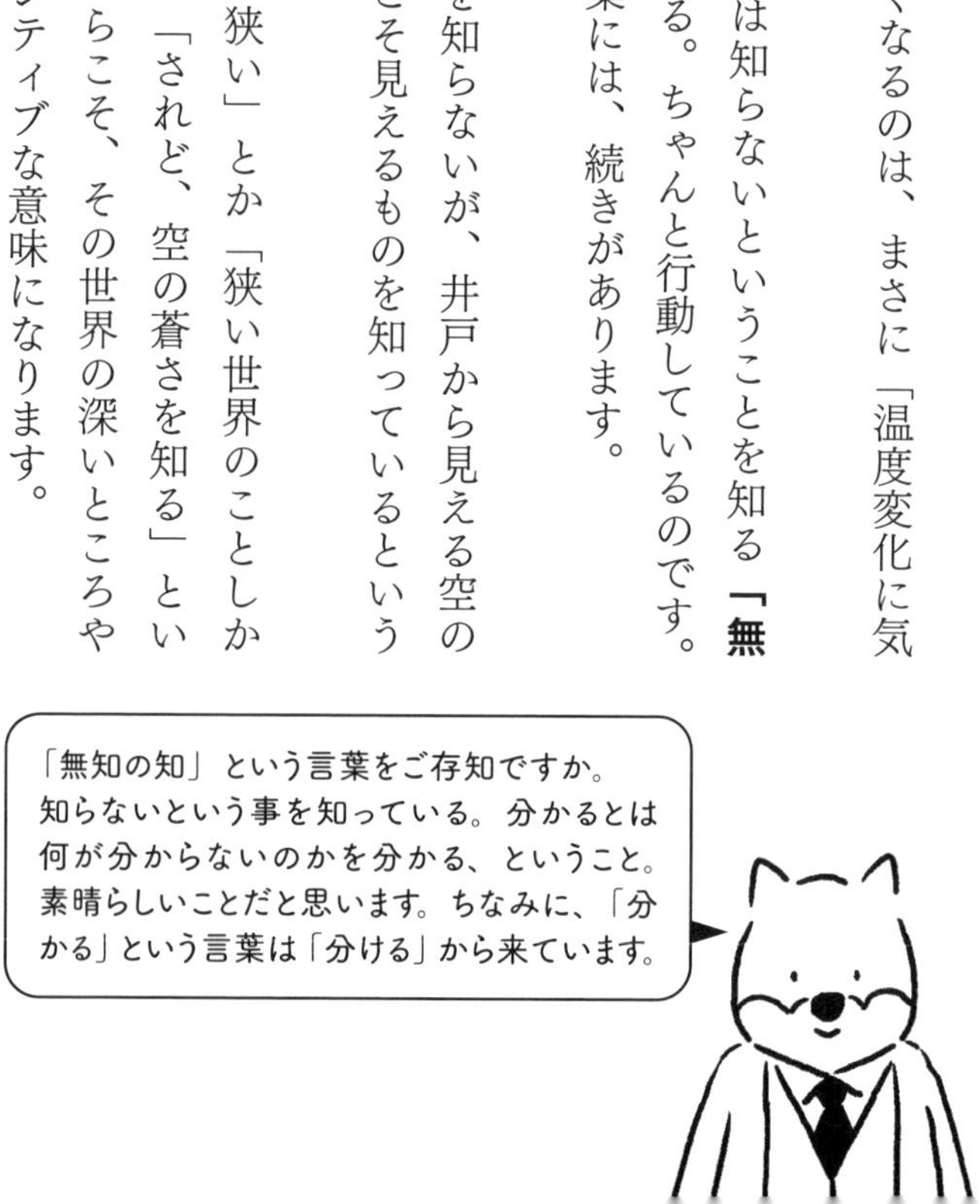
「無知の知」という言葉をご存知ですか。知らないという事を知っている。分かるとは何が分からないのかを分かる、ということ。素晴らしいことだと思います。ちなみに、「分かる」という言葉は「分ける」から来ています。

言葉は表裏一体、前向きに捉えて生きていきましょう。

見識を広げるには、世界中の情報を積極的に調べ、勉学に対して一生懸命に励む「勤勉」を推奨します。

『不都合な真実』（アル・ゴア著、武田ランダムハウスジャパン）をご紹介します。

地球温暖化と気候変動——連日の異常気象、観測史上初…異常は日常になってしまいました。2007年刊行の書籍ですので、当時から更に地球は汚染され地球滅亡へのタイマーは進んでいます。北極の氷は2007年当時から40年間で40%縮小、今後2050〜2070年頃には北極の氷は消滅し、水位は6m上昇するとこの本でも警鐘を鳴らしています。

今、私たちは地球のため・子孫のために、何をすべきなのか。深く考えさせられる名著です。

・「広く」外の大海を知り、「深く」空の世界を知ろう
・カテゴライズは無意味。肩書ではなく「個」を強くする
・空気を読むな、空気を変えろ

03

第三章

創造

CREATIVITY

想像／行動

DAY 6
お悩み相談
虎三郎くん
creativity がないです…ゼロからイチを生み出すなんて
特別な才能がある人だけができるのではありませんか？

悩むのは分かりますけれど自信を持ってください……
虎はその模様から「文字の獣」と呼ばれています
そして言葉と創造には強い関係性があります
ざわ ざわ
ざわ
ちょっと何言ってるかわからない…

6日目

想像

IMAGINATION

これから2日に分けて、「創造」について講義していきます。

創造力は社会に出てから非常に役立つ力です。例えば仕事で新しい価値を生み出したり、顧客の課題に対して解決方法（solution）を提案したり、生涯役に立つ能力です。にもかかわらず、**我が国では「創造性教育」が十分なされていません**。ですから、皆さんには本日と明日で創造の武器を手に入れていただきたいと思います。

創造力を持つ人物の特徴とは、以下のようなものだと私は考えます。

信念があって多角的視野と独自の世界観を持ち、寛容で公平、そして何より純粋——こうありたいものです。

ひとつ、皆さんに知っておいていただきたい興味深いデータがあります。コ

「学校教育が創造性を殺す」
という言葉を思想家ケン・ロ
ビンソン氏は残しています。

ンピュータ・ソフトウェアの開発と販売を行うアドビが米、英、独、仏、日の５ケ国の５０００名を対象に実施した「世界一 creativity のある国は？」というアンケートの結果です。

「最も創造力が高い」とされたのは、なんと日本でした。割合にして36％。２位が米国の26％、３位がドイツの12％です。

ところが別の調査で日本人の若者にアンケートを取ったところ、「創造力が高い」と答えたのはたったの４％…。つまり、海外で高く評価されている割に、皆さん自己評価が低いのです。

ドラえもん、ガンダム、ウルトラマン、仮面ライダー、ゴジラ、ハローキティ、進撃の巨人、ワンピース、鬼滅の刃、ジブリ、ポケモン、スーパーマリオ、ドラゴンクエスト——皆さんは強力なコンテンツを数多く生み出している日本に生きているんです。だから、自信を持ってください。

創造力とは想像力です。

そこで、「Think different」。違う思考を持ってみましょう。

「みんなと同じことをするのはたやすいことだ」

ちょいちょい出てきて恐縮ですが、スナフキンの言葉です。皆と同じことをしていたら、決して豊かにはなれない。

皆さんに与える大きな武器の1つ「創造性＝creativity」。その根幹は「思考」によるものです。では「思考」を鍛えるにはどうしたら良いのでしょうか？すでにお話しした通り、書店や図書館に足を運んだり、ヒトに会うしかありません。特に近年の書店の棚には、「〇△思考」というタイトルのビジネス本が数多く並んでいます。時代が混沌としてくると、「思考」が改めて重要視されるという証左でもあります。

先日「大人になってから学ぶのは遅すぎるのではないか」とご相談がありました。ですが、大人になってからこそ学ぶべきです。特に日本人は就職したらゴールという「働かないおじさん」が多すぎます。

まずはクリエイティブリテラシーを磨く際に、おすすめの書をご紹介しておきましょう。**『進化思考』**（太刀川英輔著／海士の風）です。大人になってから出合い、1万冊の本を読んだ私自身が最も衝撃を受けた本です。

誰もが創造性を発揮できる思考法。それは、生物の進化の構造に宿っている。偶然的でバカな挑戦の思考（変異）と、必然性を観察から理解し選択する思考（適応）の繰り返しが必要だとこの書では述べられています。

そして自然から学び直すこと。創造性を学ぶお手本は、私たちの身近に存在します。自然のほうが、創造するのがうまいのです。ですから、生物の進化のように常日頃から「ｗｈｙ」を探して、新しい「ｈｏｗ」とぶつけてみる。そんな創造的思考を習慣にしていきましょう。

まさに、創造性を学ぶお手本が身近に存在します。自然のほうが創造がうまいのです。常日頃から「why」という疑問を持ち創造性を磨くことを習慣にしていきましょう。

ここで、「思考」から始まるこの一節をご紹介しましょう。

思考に気をつけなさい、それはいつか言葉になるから

言葉に気をつけなさい、それはいつか行動になるから

言葉が刺さると言いますね。
そう、言葉は武器になるのです。
ペンは剣よりも強し

行動に気をつけなさい、それはいつか習慣になるから
習慣に気をつけなさい、それはいつか性格になるから
性格に気をつけなさい、それはいつか運命になるから

偉大なるマザー・テレサの言葉です。日々の「思考＝考え」が皆さんの運命になるのです。やはり偉人は言うことが違う、グサリと脳に刺さります。とはいえ実は、この言葉にはオリジナルがあります。

心が変われば行動が変わる。
行動が変われば習慣が変わる。
習慣が変われば人格が変わる。
人格が変われば運命が変わる。
運命が変われば人生が変わる。

アメリカの心理学者・哲学者ウィリアム・ジェームズ氏が残した名言です。マザー・テレサはおそらくこの名言をアレンジしたのでしょう。

少し、想像力を働かせてみましょう。ウィリアム・ジェームズが亡くなった1910年8月26日は、マザー・テレサの誕生日です。もしかしたら……生まれ変わりかも?

興味深いことに、マハトマ・ガンディーも似たような言葉を残しています。

信念が変われば、思考も変わる。

思考が変われば、言葉も変わる。

言葉が変われば、行動も変わる。

行動が変われば、習慣も変わる。

習慣が変われば、人格も変わる。

人格が変われば、運命も変わる。


マザー・テレサの言葉に「信念」が加わりました。「信念」とは、自分が信じていること、大切にしている考え方、自分の中の常識です。

ウィリアム・ジェームズは1842年、マハトマ・ガンディーは1869年、マザー・テレサは1910年に生まれています。俯瞰して考えると、ウィリアム・ジェームズがオリジナルでガンディーとマザー・テレサは引用したと考えるのが間違いなさそうです。

パクリのようですが、それで良いのです。**「0から1を生むことだけがcreativity」ではありません。**

本当の天才は1を1・1にすると言われています。既に在るモノに何かを加えたり、逆に削ったりして新商品を創っていくのです。

iPhoneを創ったスティーブ・ジョブズは、その典型だと言えるでしょう。電話やパソコンがあってこそ、その独創性は花開いたのです。

Stay hungry, stay foolish　ハングリーであれ、愚かであれ

２００５年6月12日、スタンフォード大学でのスピーチにおけるこのフレーズは、様々な解釈がありますが、**「より良い未来を渇望せよ、挑戦するバカであれ」**と私は解釈しています。このスピーチでは「あなたの時間は限られています。だから、誰か他人の人生を生きて時間を無駄にしないでください」と、我々に人生で最も大切な事を教えてくれます。世に溢れるインテリ批評家の否定や常識に負けず、未来を信じ挑戦した者だけが創造を生むのです。

私もこの言葉を聞いた際、脳天に突き刺さりました。挑戦と失敗を繰り返すバカだったからです。

Stay hungry, stay foolishか。良い言葉ですね。心がけます。ところで、一生懸命講義を受けて今日はめっちゃ hungry です（笑）

ですが、この言葉にもオリジナルがあります。『Whole Earth Catalogue（全地球カタログ）』という本が１９７４年に廃刊となる最終号『Whole Earth Epilogue』の裏表紙で発したメッセージが、まさに「Stay hungry, stay foolish」だったのです。

パタゴニアやノースフェイス、マーモットなどのアウトドアブランドが誕生した70年代、この『**全地球カタログ**』は自然回帰のアウトドア文化に大きな影響を与えました。ジョブズは「それはまるでグーグルのペーパーバック版のようなものだった」と賞賛しています。

１９６０年代後半のネット検索など無い時代。天才発明家バックミンスター・フラーの思想に影響を受けたステュアート・ブラントによって創刊された本が『Whole Earth Catalogue（全地球カタログ）』です。世界のあらゆるツールに関してのカタログであり、何百ページにもわたるその本は全てがタイプライターとはさみとポラロイドカメラで作られました。

まさに紙でできたGoogle。実際のGoogleができる35年前です。スティーブ・ジョブズは10代の頃にこの本に出合い、いつも持ち歩いて創造性を磨いていました。

そうですね（笑）。七つの大罪では「暴食の虎」とも言われ、食欲や大食いが罪とされてます。ですが、私達は生きるために食べなければならない。皆さんはなにげなく食事前に「いただきます」と言っていますね。この「いただきます」とは、「命をいただく」という仏教の教えから来ています。

スティーブ・ジョブズに大きな影響を与えた天才、「宇宙船地球号」という概念を唱えたバックミンスター・フラーの言葉も紹介しておきましょう。

「力と戦ってはならない、力を使いこなしなさい。なかなか変えていくことはできません。今を変えようとするのではなく、今を越えようとしていくことが変えていく時には大切なことです。自然界での進化に終わりはありません。無限の可能性のある自然界では、どこまでも進化を実現していけます」

「あなたが他人の利益を一番に考えて自分の時間や心をささげているなら安心してよい。肝心のときには必ず天があなたに味方していく……」

バックミンスター・フラーの思想は、ジョブズに受け継がれ、世界を変えていきました。フラーの思想を元に創刊された『全地球カタログ』の最終号の裏表紙に記された言葉が「Stay hungry, stay foolish」であり、天才から天才へ脈々と受け継がれていたのです。

スターバックスの創業者ハワード・シュルツ氏が世に広めた「サードプレイス」という概念にも元ネタがあります。

彼は「われわれは、コーヒーを売るために商売をしているのではない。人々を喜ばせたいと想い、その手段としてコーヒーを扱っているのだ」と言って、コーヒーではなく、顧客インサイト、つまり顧客目線で居心地の良い「サードプレイス」というスペースを提供しました。

しかしオリジナルは、アメリカの社会学者オールデンバーグ氏による「都市で生活している人には、3つの居場所が必要である」という主張です。

大事な事なので、繰り返し言います。

本当の天才は1を1・1にする。

0から1を生むことを諦める必要はありませんが、これだけ文化が成熟し、かつ情報が溢れかえっている現状において、「本当のゼロ」が存在するかは甚だ疑問だと言えます。そう考えると、creativityにおける勝負は、パクったものをいかにアウトプットするかにかかっていると言えるでしょう。

出版物のタイトルについても、中身こそ違えど成功した（よく売れた）タイトルが溢れかえっています。例えば『○△が9割』という本は何冊刊行されて

いると思いますか？

なんと150冊以上です。2013年にダイヤモンド社から刊行された『伝え方が9割』が最初かと思ったら、2005年に新潮社から『人は見た目が9割』が刊行されています。その後2019年には『人は話し方が9割』が刊行されベストセラーとなりました。

『○×の品格』というタイトルもよく見かけます。その数、実に260冊以上。こちらは2005年新潮社『国家の品格』がブームの火付け役です。

「バカ」がついたタイトルも見てみましょう。『バカと無知』（新潮社新書）橘玲氏、『ウェブはバカと暇人のもの』（光文社新書）中川淳一郎氏のほか、極めつきは、養老孟司先生の『バカの壁』です。400万部超えのベストセラーです。

タイトルは本の顔、売れるには「タイトルが9割」ということでしょうか。『品格はバカが9割』『バカの品格が9割』という本を書けばベストセラー間違いなしかもしれません。ともあれ、わが国民は「バカ」と「品格」と「9割」が好き、という予測のもと、様々なコンテンツが似たようなタイトルで生まれ続けています。

もちろん、良い本と売れる本は違います。しかし「売上（数字）」は、その

creativity の価値を推し量る重要な「指標」になっています。だとしたら、数字を意識してタイトルのエッセンスをパクる戦略は間違っていないでしょう。

このように、皆さんが思っている creativity は決してゼロイチではないのです。1を1・1にする程度の軽い気持ちで挑んでください。

すでにお話したように、**「人生の意義はどれだけ多くの者に良い影響を与えたか」**だと私は考えます。もちろん、悪い影響ではありません。

0を1にするのに30年かかるとしたら、また、1を1・1にするのに1年しかかからないとしたら、どちらがより多くの人に良い影響を与えるでしょう。どちらが、と答えを出すのは難しいかもしれません。影響力は様々でしょうから。けれど、先人が発明した「1」に敬意を持って「1・1」にしたジョブズやシュルツ、そしてマザー・テレサが多くの人々に良い影響を与え続けていることは疑いようのない事実です。

天才と言えば、ニコラ・テスラのお話を。テスラと聞くと、イーロン・マスク氏が創業した電気自動車の会社を思い浮かべる人も多いかと思います。ですが、こちらもオリジナルがあるのです。

ニコラ・テスラは、テスラ変圧器を発明した「天才発明家」です。諸説ありますが、「努力の発明家」と言われたエジソンとは様々な確執があったと言われています。エジソンが「天才とは、1%のひらめきと、99%の努力である」と言ったのに対して、テスラは「天才とは、99%の努力を無にする、1%のひらめきのことである」と皮肉ったとか。面白いですね。実は、エジソンの言葉も耳触りの良い言葉に変換されてしまっています。のちにエジソンは「99%の努力ばかり強調されているが、99%の努力が実るのは、1%のひらめきを大切にしたときなのだ」と言っています。

また、テスラはこんな言葉も残しています。

「少し理論を利用するか計算するだけで90%削減できたであろう労力をエジソンが費すのを残念に思いながら見ているだけだった。エジソンは本での学習や数学的な知識を軽視し、自身の発明家としての直感や実践的なアメリカ人的感覚のみを信じていた」と。

要するに、テスラは「そんな労力をかける必要ないんじゃね？ 私なら、もっとタイパよくできるよ」と言っているのです。

凡人・秀才・天才。人は3種類に分けられると言われており、「**凡人は天才を殺す**」という有名な言葉もあります。

読書（知識）×行動（運動）、めちゃ納得です。「思考→言葉→行動、行程を3つもなんてそんな時間かけられない！」というタイパ思考の皆さんには、「**思考しながら行動する＝考動**」をおすすめします。

そこで、まずは自分のイメージに合う漢字1文字を頭に思い浮かべてみてください。「楽」「金」「食」「服」「幸」でも、自分が好きなモノ・コト、何でも良いです。思い浮かべましたか？

参考までに、儒教の教えで五常と言われる「仁義礼智信」は、人が常に行うべき5種の正しい道、その5文字です。日本では南総里見八犬伝でも有名になりました。思い浮かばない方はこの5文字のどれかをまずはイメージしても良いと思います。

自分のイメージに合った漢字を思い浮かべたら、今度は「ありたい自分」の目指す姿を漢字1文字でイメージしてみてください。2つの漢字にギャップがもしあるようなら、そこに「創造」のヒントがあります。ギャップを埋める何かを作ることこそ、あなたが本気で取り組むに値する「創造」です。

ペンは剣よりも強し。言霊とも言いますし、常に言葉を意識することで、実際に実現できるはずです。

ここで、言葉遊びを少し。

人生において大事な言葉は「あいうえお」で表せます。「案因運縁恩」つまり立案・因果・運命・縁・恩義。

就職や転職の際、この5つを大事にしてきましたと言ってみると面白いかもしれません。

歴史上の人物たちも、自らにキャッチコピーをつけて、その行動理念や規範を定義し、存在価値を創造しています。有名なところで例を挙げれば、新選組がそうでしょう。

誠――ご存知、新選組の隊旗です。武士道で「言を成す」、つまり「武士に二言はない」ということの象徴として用いられました。

彼らは、幕末の京都で活動した、幕府の警察組織です。最盛期には200人近くの隊士が在籍し、京都の治安維持や反幕府勢力の取り締まりにあたりまし

参考までに私はというと「義」です。幼少期から、この「義」という言葉が好きで憧れであったり、なりたい自分であったりしました。結果、正義や恩義、義理ということに対して意識する人間になったかと思います。

た。ですが、皆さんご存知のように、幕府は滅び薩長の新政府が勝利しました。新政府から見れば新選組は賊軍。これが、新しいルールでした。

当時は時代の転換期。何が正しくて何が間違っているかは誰も分かりません。「勝てば官軍負ければ賊軍」と言われるように、道理や行為がどうであれ、勝者が正義となり、敗者が悪とされる、という一例でもあります。

続いて4文字ではありますが「風林火山」――武田信玄の有名な言葉です。疾《と》きこと風の如し、静かなること林の如く、侵略すること火の如し、動かざること山の如し。これもキャッチコピーです。

皆さんが考えることがオリジナルである必要は全くありません。風林火山も、元は中国春秋時代、呉将軍・孫武が書いた兵法書『孫氏』の軍争篇に元ネタがあります。「学ぶ」は「真似ぶ」ですから、創造は真似していいんです。自分の頭で考え、解釈して、自分のモノにしていきましょう。

ラグビーの精神としてよく語られるキャッチコピー、「**One for all, All for one**（1人は皆のために、皆は1人のために）」にも元ネタがあります。

元々はフランスの作家アレキサンドル・デュマの小説『三銃士』で主人公ダルタニヤンと三銃士が交わした誓いの言葉なのです。

その誓いの言葉の本来の意味は「**1人は皆のために、皆は目的のために**」です。目的＝勝利と解釈すれば、支え合いよりも強い言葉になると思います。

このように「One for all, All for one」、名作漫画スラムダンクの安西先生は、この言葉から素晴らしい名言を「創造」しました。是非覚えていただきたい。

「お前のためにチームがあるんじゃねぇ。チームのためにお前がいるんだ!!」

めちゃ刺さる言葉です。

安西先生は「One for all, All for one」という言葉から更に想像力を働かせて、自分の言葉で創造し名言を生み出したのです。「創造」は言葉による想像から生まれるのです。

あきらめたらそこで試合終了ですよ……？

安西光義@スラムダンク

このように、「創造」は言葉による想像から生まれるのです。

「感謝」と「節制」について良本をご紹介します。『いのちをいただく』（内田 美智子著、西日本新聞社）。牛のみいちゃんと男の子しのぶ君の、命を通して食べ物の大切さを描いた実話です。食べるということは生きること、生きるためには食べなければならないと、この絵本が教えてくれます。

・今後重要視される能力は「未来をつくる普遍的な力」、クリエイティビティ──「創造力」
・ヒトの限界は「能力」ではなく「想像力」で決まる
・Stay hungry, stay foolish. ハングリーであれ、愚かであれ

Think different
創造力とは想像力

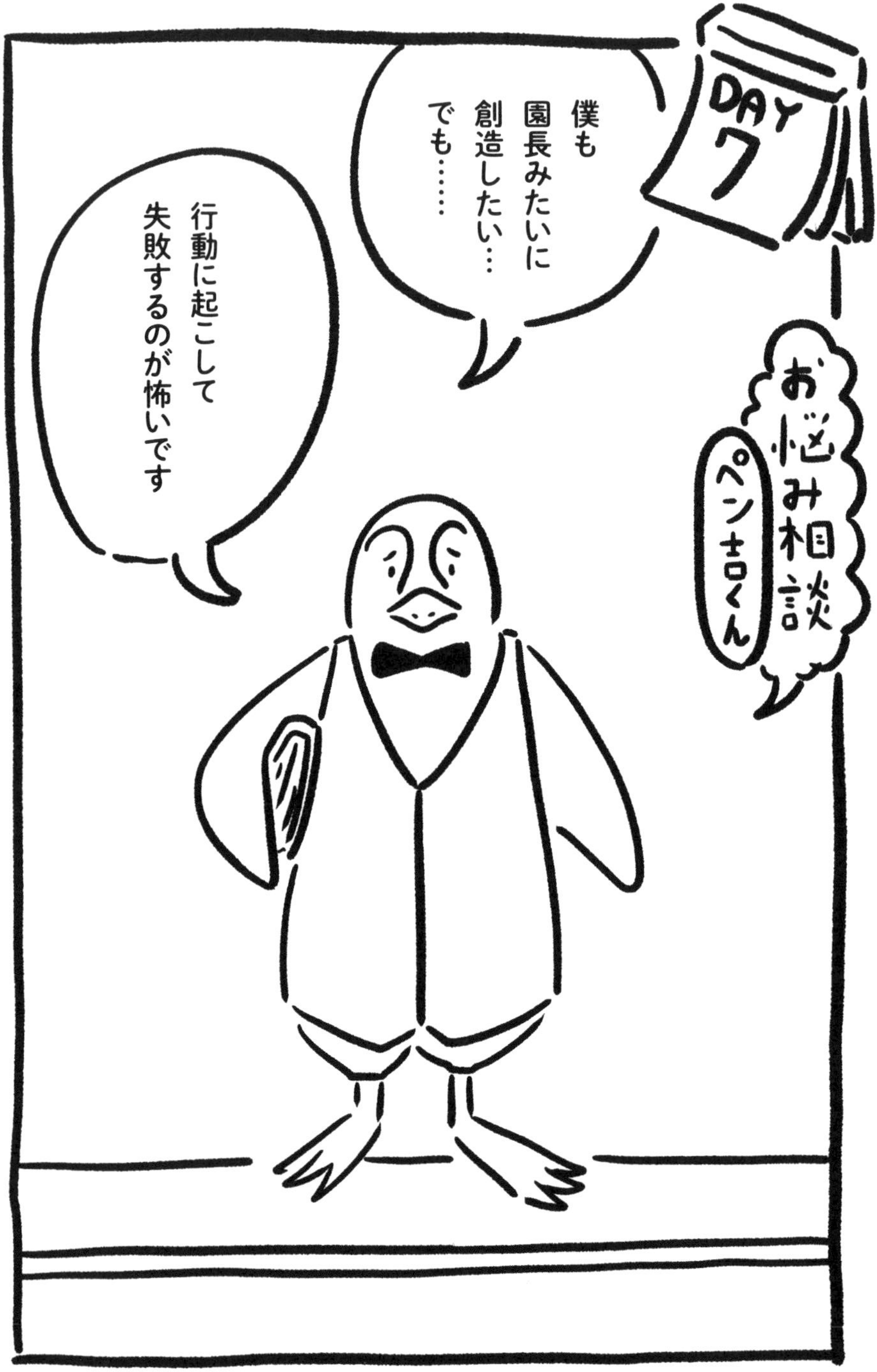
DAY 7
お悩み相談
ペン吉くん
僕も園長みたいに創造したい……でも……
行動に起こして失敗するのが怖いです

僕らはいつだって
群れで行動しています
群れには特定の
リーダーがいません
群れに何らかの
危険が迫った場合は…
いち早く察知した
1羽の後に続いて
難を逃れます
強いボスやリーダー
ではなく
〝最初の1羽〟に
従うのです
失敗…誰もしたく
ないですよね……
特に我が国では
失敗に対する評価が
厳しい
失敗をしない為には
どうしたら良いと
思いますか?
考えに
考え抜く?
何も
しなければ
良い?
違います……
大切なのは
「行動」
することです

失敗しないために、何もしない。「まだ本気を出してないだけ」なんてうそぶいてしまう。誰もが心の中で少なからず、このような言い訳をしてしまっているように私は思います。皆さんを責めているのではありません。そうせざるを得ない状況に社会が追い込んでしまっているのです。

事なかれ主義で何もしない者を評価し、挑戦して失敗した者に対しての罵詈雑言が厳しい国——それが我が国です。経済が衰退してしまった原因も、そこにあると私は考えています。

2023年H3ロケット打ち上げ中止会見が炎上しました。どうしても失敗と言わせたかった共同通信の記者が「それは一般的に失敗と言いまーす」と捨て台詞を吐きました。「挑戦」している者へ敬意の欠片もない、頭でっかちの勘違いしたエリート主義。寛容でない我が国の一端を垣間見たようで寂しく思いました。

虎穴に入らずんば
虎子を得ず!

ここで知っておいてほしいのが、発明王トーマス・エジソンの名言です。

I have not failed. I've just found 10,000 ways that won't work.

私は失敗したことがない。ただ、1万通りの失敗を発見したのだ。

キーワードは「失敗」です。5126回の失敗を重ねたとされる現代の発明王、ジェームズ・ダイソン氏もこう言っています。

失敗を楽しんで、失敗から学びなさい。
成功からは学ぶことができません。
失敗を乗り越えて問題の解決策を探る、それが人生というものです。

2人の言葉に共通しているのは、**「失敗」の重要性**です。だから、というわけではありませんが、失敗したっていい。私はそう思います。断言しましょう——大切なのは「行動」すること。できれば「挑戦」することだ、と。

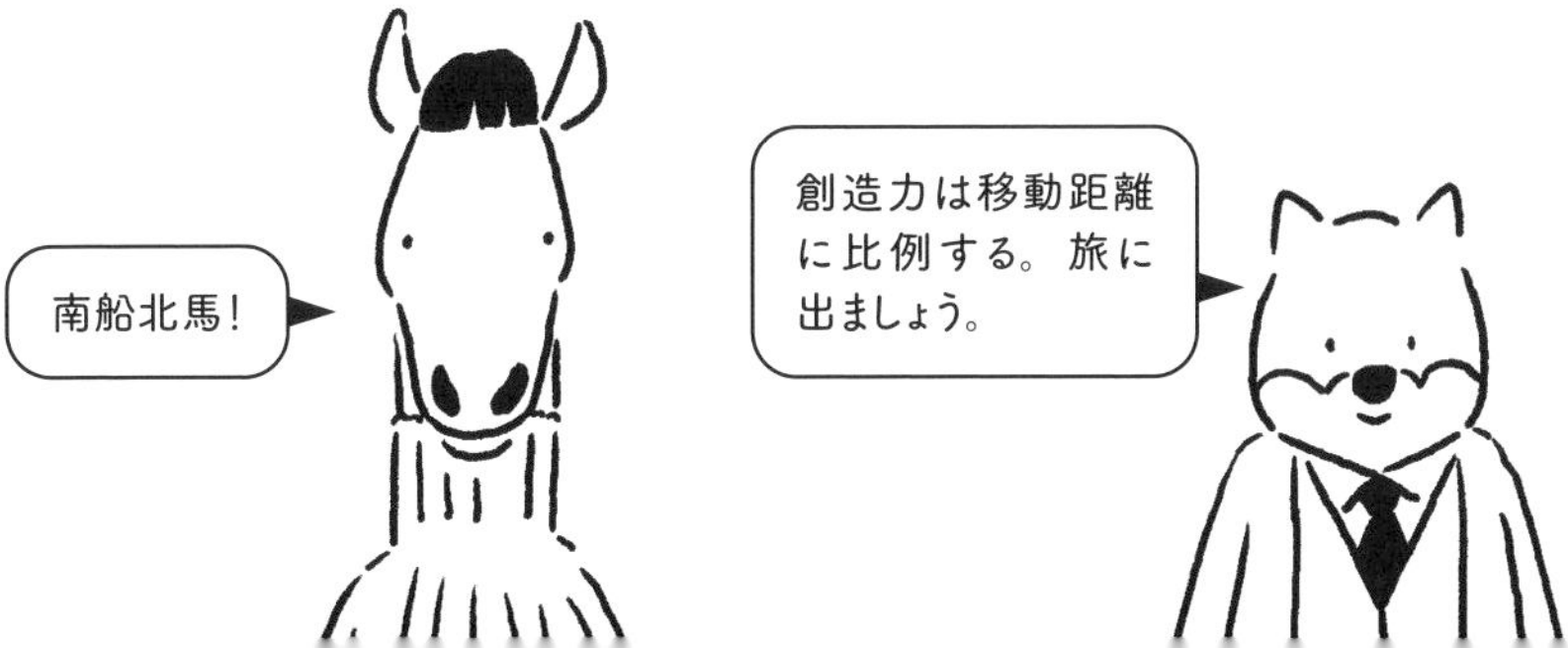
創造力は移動距離に比例する。旅に出ましょう。
南船北馬！

例えば、「未開の島国で靴を売ってこい」と言われたら、あなただったらどうしますか？　その未開の島国には、靴を履く習慣がありません。みんな裸足で生活しています。

「あの島の人々は靴を履いていないので市場はありません。これでは売れません」

「あの島の人々は誰も靴を履いていないので、靴の良さを伝えられれば市場は無限大です！」

ほとんどの人は前者でしょう。失敗を恐れない前向きでポジティブな後者は少ないはずです。けれど、前者が間違っていて後者が正解、という単純な話ではありません。

多角的な視点で多くの情報に触れ、自分で考える習慣があれば、ネガティブな結論（逃避）に行き着くこともあるでしょうし、ポジティブな結論（挑戦）に行き着くこともあるでしょう。

大切なのは、社会に出てからの学びや知識を使って調査・分析をしたのかどうか。それを踏まえたうえで冷静にブレーキを踏めない人には、破滅が待っていると言えるでしょう。逆に「いける」と判断したのなら、情熱と圧倒的な行

私はというと、この話を聞いて、こう想像しました。
「日本人は半数が本を読まないので、本の良さを伝えられれば、市場は無限大です！」
本を読まない日本人や子どもたちのために本の良さを伝えていく。それが私のライフワークです。

動力で挑戦しない手はないでしょう。それで失敗したとしても、次の成功の糧にすれば良いのです。

ペン吉君の例で言えば、集団で行動するペンギンの群れの中から、天敵がいるかもしれない海へ、魚を求めて最初に飛びこむ1羽のペンギンが評価されるべきだと言えるでしょう。

ハイリスク・ハイリターンは、人間社会の生存競争にも通じる理です。ビジネスの世界では、かつて誰も足を踏み入れたことのない領域に挑むベンチャー企業の創業者や、イノベーションを引き起こすプロフェッショナルのことを、この勇敢な〝最初の1羽〟になぞらえて、「ファーストペンギン」と呼びます。米国の学生にキャリア観を尋ねると、最上位に「起業家」が挙がるのは、幼い頃から「人と同じでなく、ファーストペンギンを目指しなさい」という教育が徹底されているからです。

残念ながら、日本人のなりたい職業に起業家・投資家は全くランクインしていません。思考から言葉、言葉から行動。3つの工程を経る時間もないタイパ思考の君たちへ。**考えながら動く「考動」を心がけ、起業や新規事業のような、大海原へのチャレンジをしてみませんか。**

天敵がいる大海原に飛び込む勇気はなかなか持てないかもしれません。一か八か、ハイリスク・ハイリターン、天敵がいなかったら餌取り放題。圧倒的な知識で天敵がいる可能性が低いと見積もれたら、命を落とさない程度の保険をかけて全力でダイブする——これこそが正解だと言えるでしょう。

歴史を紐解くと、桶狭間の戦いがハイリスク・ハイリターンの好例でしょう。織田信長が優れた武将であったのは、一見無謀に見える行動でも、彼なりの戦略眼で勝機があったらしいということ。そして、このような戦いを桶狭間以後一切していないという点です。ファーストペンギンも一度のギャンブルに成功したからといって、ハイリスクな勝負を何度もしていたら、いずれ天敵に食べられてしまいます。

時に、失敗することもあるでしょう。けれど、止まない雨はありません。命さえ奪われなければ、いつでも再起は可能です。

経営破綻は皆さんにとって、非常にショッキングな出来事でしょう。けれど

思考しながら行動する「考動」で、時間を効率的に。

辛い事には必ずいつかは終わりが来て、その後に幸せが訪れるものです。

そして、失敗したときこそ、本当に大切なものが見えてくるはずです。土砂降りの雨が降っている（苦難に遭遇している）時に、「大丈夫？　大丈夫？」と言って何もしない人と何も言わずに傘を差し出す「行動」をする人、どちらを信用しますか？

もちろん、後者でしょう。皆さんにも、そういう人であってほしいと思います。困っている人がいたら「私にできることは何かな？」と考えること。そして、そういう人を大切にすることが、人生を豊かにしてくれます。

まずは、**あなた自身が失敗に「寛容」であることが、失敗を恐れず「行動」する第一歩だと言えるでしょう。**

マザー・テレサが言うところの「思考」から「言葉」、「言葉」から「行動」、そして「行動」からいよいよ「習慣」ですね。

行動の繰り返しが習慣です。これは、身体と脳に覚えさせるしかありません。習慣というのは、身体に覚えさせる「条件反射」と脳に覚えさせる「思い込み」（無意識）の産物です。

行動しても三日坊主になってしまうんですが……

というわけで、皆さんには勉強でも仕事でも、読書でも運動でも、**やりたい事を21日間、頑張ってみることをおすすめします**。

行動心理学でおなじみの「インキュベートの法則」は、何事も21日間継続すれば顕在意識から潜在意識へと、行動が習慣になって定着するという法則です。つまり、行動が意識的なものから無意識的なものに変わっていきます。21日間継続して「行動」すると脳は「習慣」と見なし、行動することが楽になり、やらないと落ち着かなくなると言います。つまり、脳に思い込ませるのです。脳が思い込むと身体は自然と条件反射を起こしていきます。皆さんも止まったエスカレーターに乗った際に、「わっとっと…」ってなったことがあるでしょう。最初は辛いかもしれませんが、3週間だけ頑張ってみましょう。

「習慣」まで変えられたのなら、「性格」の残念なところも変えてしまいましょう。皆さんが思う、自分の残念なところはどんなところですか？　世界からは、我が国民の性格は以下のように思われているそうです。

良いところ

真面目・礼儀正しい・マナーを守る・几帳面・周りへの配慮が凄い・接客やおもてなしが素晴らしい・時間を守る・我慢強い・勤勉・清潔・倹約家・控え目etc……

悪いところ
レディーファーストがない・本音と建前が違う（本音を言わない）・外見を気にしすぎる・集団行動が目立つ・自分の意見がない・自虐的・ミーハー・せっかち・ユーモアのセンスが無い・無口・プライドが高いetc……

こうして見ると、「倹約家」は要するに「ケチ」ということですし、「無口」は「言葉に重みがある」とも言えますから、一概に良いところ・悪いところではないようです。むしろ、同じ性格であっても相手によって見え方が違う、と考えられます。

だとしたら、「自分の意見がない」など、明らかにダメな部分は別として、無理に自分を変える必要はないかもしれません。

相手のことを変えるのは難しいでしょうから、自分で「等身大の自分」をどう捉えるのか。**背伸びすることなく、「ありのままの自分」を受け入れられたら、**

「ダメな自分」はいなくなります。

もちろん「そう見られがちなだけで本当は違う」のであれば、印象を変えるなど誤解を解く努力は必要でしょう。

もともと日本人の多くは、旧石器時代にユーラシア大陸からやって来た人々がルーツだとされています。その人たちは、逃げてやって来たのでしょうか？それとも、フロンティアスピリッツに溢れていたのでしょうか？

おそらく、当時の誰かには「逃げた」と思われた反面、「挑戦した」という評価もあったのではないでしょうか。「逃げた」とした人は、そう思った理由があったのかもしれません。けれど、私たちは挑戦した先人の子孫であるはずです。そう思うことができたなら、それに相応しい振る舞いを意識することで、印象も変わり、誤解されるシーンも減っていくことでしょう。

というわけで皆さんは「異世界に行ったら」とか「生まれ変わったら」という逃避ではなく、等身大の自分で挑戦をしてみましょう。失敗したっていいんです。

ビジネスシーンでは、よく「逃走」か「闘争」かを問われることがありますが、

「**あちこち旅をしてまわっても、自分から逃げることはできない**」と作家アーネスト・ヘミングウェイは名言を残しましたね。自分からは逃げられないのです。

無理に闘争する必要はないかなと私は思います。闘ったり争ったりして勝ったとしても疲弊するし、無駄な時間と体力を使うものです。負けたらさらに最悪です。「逃走」か「闘争」かではなく、「逃走」か「挑戦」かのほうがしっくり来るのでは、というのが私見です。

マザー・テレサの言葉は、「**性格はいつか運命になるから**」で締められています。最後に「運命」について考えていきましょう。

運が悪い――よく耳にする言葉ですね。けれど、ここにいる皆さんは運が良い方ばかりです。

まず、日本に生まれただけで幸運です。日本人が20歳まで生きることができる確率は何と99%。2021年国連の発表によると、世界では5000万人の子どもが5歳の誕生日までに亡くなり、5歳から24歳までの若者2100万人が亡くなっています。これは4・4秒に1人、0歳から24歳の人が亡くなっている計算とのこと…驚くべき数字です。

地球上の人口の約8割が発展途上国に生まれた人です。世界の総人口と日本の人口で計算すると、日本に生まれる確率は1・5%。「親ガチャ」「配属ガチャ」

「兆し」を感じ、「逃走」するか「挑戦」するか。同じ「兆」でも全く違いますね。

など運に頼るガチャガチャになぞらえて「ガチャ」という言葉が流行っていますが、国ガチャで「日本」というかなりの当たりを引いた皆さんは「運」が良いのです。

87ヶ国を旅して痛感しています。日本は本当に良い国で、私見では最も素晴らしい国の1つだと思います。ですので、安いニッポンになってしまっている現状を変えていけたらと強く思うのです。

良い運命を手繰り寄せるには、**まず前向きに生きてみましょう。**ポジティブ思考です。「先のことを気にしても仕方ない。今を精いっぱい生きることが大事、何事もなるようになる」という激励と、「前向きな気持ちでいれば、きっと自分が信じたように世界は見えてくるし、なっていく」というポジティブ思考が大切です。

ペシミスト（悲観論者）でいるよりもオプティミスト（楽観論者）のほうが、人生楽しいですよ。とはいえ、正しい情報を正しく分析してブレーキを踏むこともお忘れなく。

では、人生を楽しく有意義に生きるには？

「運も実力のうち」が通説ですが、生まれながらの才能を考慮すると「実力も運のうち」だとも考えられますね。

「人生をもっとも偉大に使う使い方というのは、人生が終わってもまだ続くような何ものかのために、人生を使うことである」
ウィリアム・ジェームズ

「人生の意義はどれだけ多くの者に良い影響を与えたか」という観点から考えると、ルールや仕組みづくりもまた、立派な「創造」だと言えそうです。

そこで、皆さんに問題です。以下の○△に文字を入れてください。

ルールは○△もの

日本人はとりわけ「守る」と答える人が多いかと思います。けれど皆さんには、この講義を通して「**ルールは創るもの**」にしていただきたいと思います。

東京都千代田区の広告コピーに「マナーからルールへ、そしてマナーへ」というコピーがありました。

２００６年、千代田区は全国に先駆けて歩行禁煙の条例化をし、過料２０００円という「ルール」を設けることにしました。

自分だけ良ければ良いというギスギスした現代。マナーの良い人・ルールを守る人が損をする現代。こんなモラルを失くした現実を打破するために、千代田区は全国に先んじてルールを創造したのです。

そのうえで、「そしてマナーへ」という「言葉」は未来への希望を感じさせてくれます。罰則のある規則＝ルールにすることによって、法の下に厳しく取り締まり、改善されたら罰則のない礼節＝マナーに変えていく。そうなると良いですね。

1のルールを1・1に創りかえて成立したスポーツもあります。2023年のW杯で再び盛り上がりを見せているラグビーです。

1823年、英国のラグビー校でサッカーの試合が行われた時のこと。1人の少年がボールを抱えたまま、相手のゴールを目指して駆け出しました。これがラグビーの起源とされる英国エリス少年の伝説です。

「ただの反則じゃね？」

そう思われる方がほとんどでしょう。ただし、当時のラグビー校におけるサッカーでは手を使うこと自体はルールとして許されていました。問題とされたの

ルールは破るもの？
ルールを破るのはやめましょう（笑）。

は、ボールを持って走った行為です。

ラグビーはスポーツの中でもルールが複雑です。毎年ルールに変更があり、複雑になったのは安全性を考慮した結果です。

元々ラグビーのルールは「守らなかったら罰を与えられるもの」ではなく、「試合を進めるうえで大切なものとして共有し、自ら守るもの」という「ｌａｗ＝法律」という文化がありました。ルールよりはマナーに近く、ラグビーが「紳士のスポーツ」といわれる所以です。

それから２００年経った現在、ラグビーは人気のスポーツとして確固たる地位を築いています。安全性を考慮しながら、より面白いスポーツに進化させようとした国際ラグビー評議会のように、１を１・１にしたヒト、そしてそれを受け入れた人々がいたからこそ、現在の地位があるのです。


ここで、再び想像してみてください。

大富豪もしくは大貧民というトランプゲームで同じ番号を４枚揃えると、カードの強さを逆転させる「革命」が成立します。さて、このルールはどんな目的で作られたでしょう？

例えば、ジャイアン的な人物が負けるのが嫌で終盤に3とか4とか弱いカードばかりある状況を打破するために創ったルールかもしれません。

そう考えると、過去から現在まで、権力を持った一部の特権階級や政治家によって都合よく作られたルールが多いことに気づくはずです。

現在の日本を築いた民主主義という制度の下で選ばれた政治家が作ったルールについて考えてみましょう。

まずは、ルールを知る。国のルールは高学歴の政治家が自分たちの都合の良いように作ったものです。人生というゲームを勝ち抜くために、最低限そのルールは知っておきましょう。

ニュースになった氷山の一角をご紹介します。

国会議員の年収は約2000万円、税金40%で手取りは1200万円ですね。ですが、使途不明の「文通費」という収入が国会議員にはあります。月100万円で年1200万円。この文通費はなんと非課税です。結果、年収2000万円でも手取り2400万円という夢のような収入を得ています。

もう1つ。物価高・住宅価格高騰で庶民が困窮している中、議員宿舎の家賃値下げという意味不明の法令が可決されました。麹町の超一等地2LDKで相場は36万円の高級宿舎。今までは9万2210円だったのが、8万9642円に。加えて、なんと駐車場がタダ……議会の議事録は残さない……自分たちの都合の良いルールを作るためのいわゆるブラックボックスです。

ルールを創る側になりましょう。**自分のビジネスを持てば、ルールを創る側になれます。**

サッカーの名将グアルディオラ監督がバルセロナ黄金時代を築いた際、「チームで最も大事にしていることは?」という問いに、「discipline――規律だ」と答えました。たったの一言ですが、チームにとって重く突き刺さる言葉です。

rule＝規則とは「守らなければいけない物事の決まり」であり、discipline＝規律とは「集団の中で規則が守られていること、守るべき基準」、規則の発展形が規律だと私は考えます。

私たちは社会的生物ですので、「規律」を意識して生きていくと住みよい社会になるのではないでしょうか。

ルールは、千代田区の例やラグビーのように、誰もが「それはそうだね。そうしたほうがいいかもしれないね」と広くコンセンサスが得られたものだけが成立するとは限らないのです。

とはいえ、これからは一部の特権階級や政治家によって都合良くルールが作られる機会は減っていくことでしょう。正しい情報に触れて考えるヒトが増えることで、「それっておかしいんじゃありませんか？」という声が大きくなるはずだからです。

誰かが作ったルールの中で「人生というゲーム」を楽しく豊かに生きるのも素晴らしいことだとは思います。けれど、より良い世の中にするために、より良いルールを君たちの手で創っていってほしいのです。でも、どうやって？

「創造」には「思考」あるいは「想像」が必要ということは、すでに理解してもらえていると思います。ルール創りにおいても、それは変わりません。

ルールを創り、自分で運命を切り開く。皆さんの創造の可能性がグッと広がりますように。

本日の最後に、リンカーン「ゲティスバーグの演説」での有名な言葉を。

government of the people, by the people, for the people
人民の人民による人民のための政治

政治もルールも自分たちで創る。

若者世代は政治を諦めて選挙に行かない、一票の格差など、政治に関する問題が報道されています。ここで想像を働かせてみましょう。

例えば、一票の価値をざっくりと「100－年齢」と考えてみるとどうでしょう？　20歳なら一票の価値が80に、80歳は一票の価値が20、20歳の皆さんは80歳のご老人の4票分。これなら、問題になっている世代間格差や若者の貧困問題を政治家は無視できないのではないでしょうか？

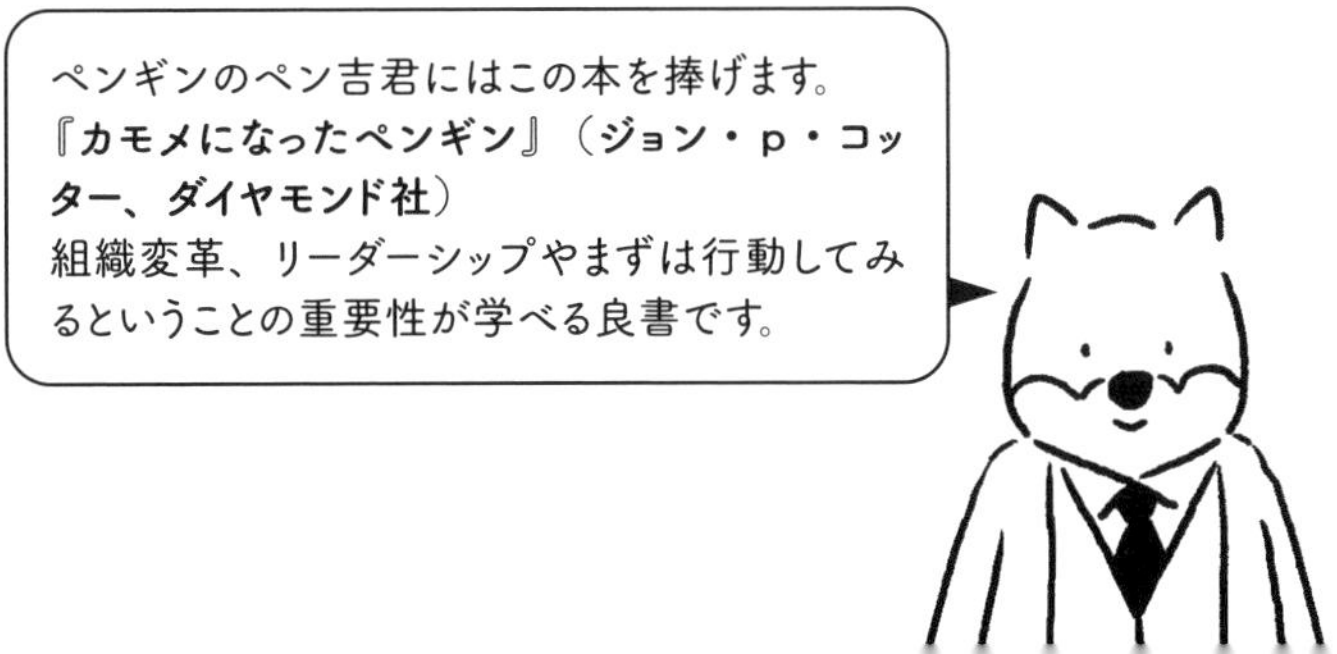
ペンギンのペン吉君にはこの本を捧げます。
『カモメになったペンギン』（ジョン・p・コッター、ダイヤモンド社）
組織変革、リーダーシップやまずは行動してみるということの重要性が学べる良書です。

「First penguin まずは飛び込め」
行動から考動へ

- まずは「行動」。創造力の中で最も重要な要素は「行動」である
- 「逃走か闘争か」を「逃走か挑戦か」へ
- 挑戦する気持ちを大事に。ファーストペンギンになれ

04

第四章

金融

FINANCE

投資／起業

DAY 8
お悩み相談
フォキシーさん
正直…
楽をして……
立派な家に住んで
贅沢をしたい…

2022年はきつねダンスがSNSでブレイクしたのでYouTuberとして楽して稼げました
ビットコインでも利益が出ているのでこのままYouTuberとして働かず人生楽勝ではないでしょうか？
実際稼いだお金は全て使ってしまってます全く貯金はありませんがゼロからでも億万長者になれますか？
誰もが楽をして生きたいし贅沢をしたい…けれどゼロからミリオネアになるのは難しい…可能性はゼロではありません……とはいえその考えは危険ですよ……

8日目

投資

INVESTMENT

ミリオネア、いいですよね。多くの人が憧れているはずです。でもプロ野球の選手やタレントのように特別な才能があるわけでもないし……。ですが、特別な才能がなくてもミリオネアになれる方法があるのです。
それは、「投資か起業」、つまりお金に働かせるか人に働かせるか、です。
ミリオネアになる方法はこの2つしかありません。

本日からはマネーリテラシー（金融＝数字）という武器を皆さんに与えます。その前に、非常に大事なことを覚えておいてください。

「お金は手段であって、目的ではない」

お金持ちになるためにマネーリテラシーを学ぶのではありません。マネーリテラシーはあくまでも手段。目的は、「この生きづらい世の中を幸せに楽しく生きる」ことです。お金持ちになることを目的にしてしまうと、「充実した幸せな人生なのか」という疑問に直面してしまうからです。宝くじに当たった人の転落人生などよくテレビ番組に取り上げられたりしてますね。

ですから、この非常に大事なことを覚えておいて今日と明日、2日間の講義に臨んでください。

まずはマネーリテラシーを磨く際に、おすすめの書をご紹介しておきましょう。『**金持ち父さん　貧乏父さん**』(ロバート・キヨサキ著／筑摩書房)です。有名な本なので、既読の方もいらっしゃるかもしれません。

正反対のことを言う金持ち父さんと貧乏父さん、高学歴で知的な父さんと高校すら卒業していない父さんからの教えです。さて、どちらが金持ち父さんで、どちらが貧乏父さんでしょう?

そう思いますよね。「一生懸命勉強しなさい。そうすればいい大学、いい会社に入れるから」と教わって育った人ほど、そう思うことでしょう。

ですが、この本では違います。高校すら卒業していない父さんが金持ち父さんです。ペン吉君は頭でっかちでカテゴリーにしがみつく、働かないおじさん

当然、高学歴で知的な父さんが金持ち父さんです!

予備軍の一歩手前だと言えるかも。

　この本には、「**頭の中の考えがその人の人生を作る**」と書かれています。思考がどんなに大きな力を持つか、教えてくれているのです。以前の講義でもお話しした、「思考」から全ては「運命」につながるという話を思い出す人も多いでしょう。私がこの有名な本を改めてご紹介するのは、混迷した現代だからこそ読んでほしいと考えたからです。

「大人になってから学ばない日本人」

「大企業に入ったらゴールと考える日本人」

　彼ら彼女たちは今後、貧乏父さんへの道を突き進んでいるようにしか、私には見えません。皆と同じことをしていたら一億総貧民の仲間入りをするだけなのです。「Think different」――発想を変えてみましょう。

　皆さんは大人になってからこそ、学ぼうじゃありませんか。会社に入ってからでも遅くありません。むしろ、そこからがスタートだと考えましょう。

　今日、学ぶテーマは「投資」です。

みんなと同じことをするのはたやすいことだ
またスナフキンですやん……

さて、皆さんは「借金の利息を払い続ける人生」と「資産の利息で暮らす人生」――どちらがお好みですか？　当然、後者ですよね。

国税庁の2019年データでは、我が国の富裕層と呼ばれる層は124万世帯。超富裕層にいたっては8・7万世帯。5402万3000世帯のうち、純金融資産が1億円以上の富裕層はたったの2・4％なのです。

しかも先進諸国の中では、1億円の資産では富裕層とは言えません。現実は「安いニッ

純金融資産保有額の階層別にみた保有資産規模と世帯数

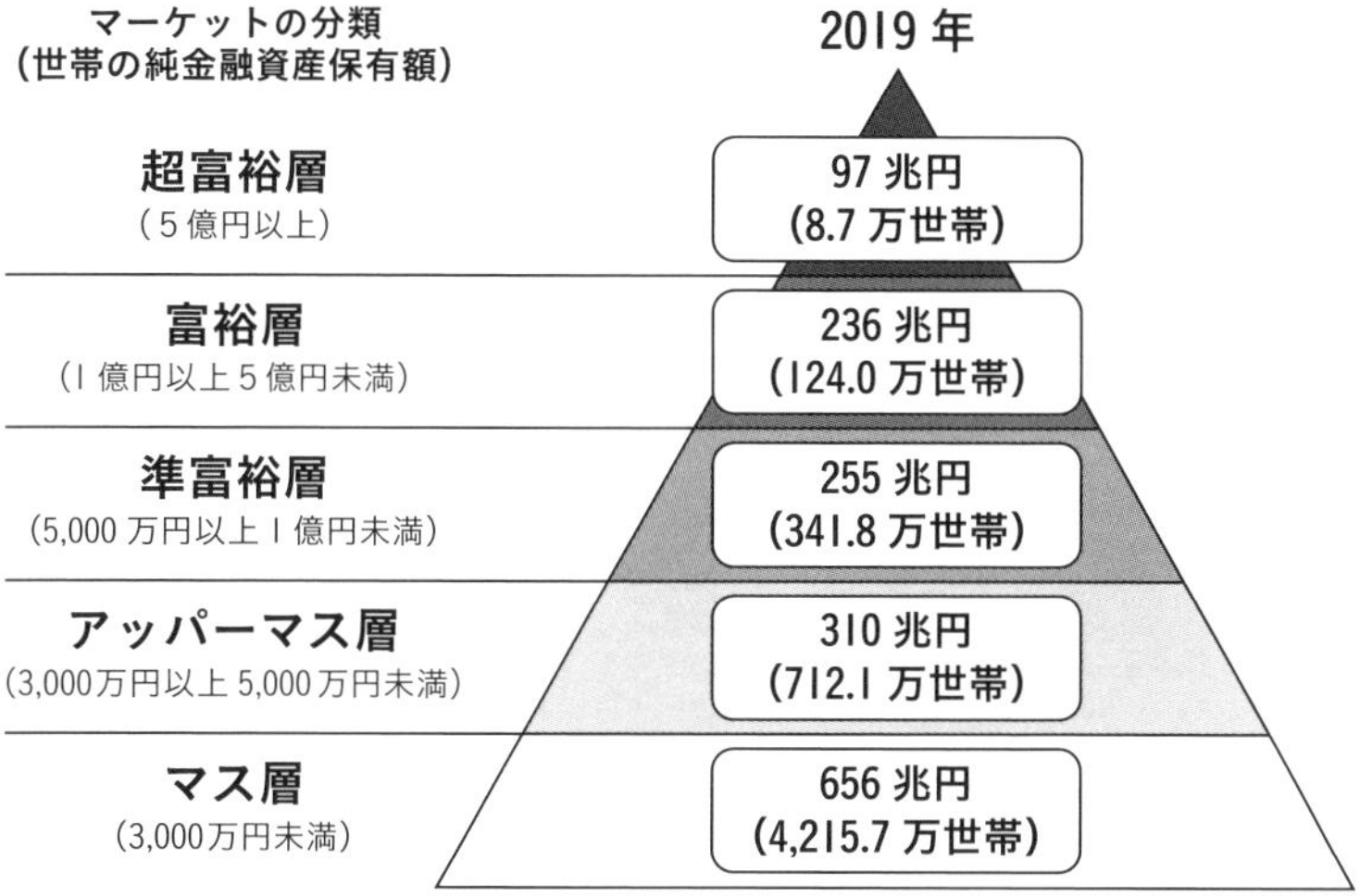
マーケットの分類
(世帯の純金融資産保有額)
2019年
超富裕層
(5億円以上)
97兆円
(8.7万世帯)
富裕層
(1億円以上5億円未満)
236兆円
(124.0万世帯)
準富裕層
(5,000万円以上1億円未満)
255兆円
(341.8万世帯)
アッパーマス層
(3,000万円以上5,000万円未満)
310兆円
(712.1万世帯)
マス層
(3,000万円未満)
656兆円
(4,215.7万世帯)

図「国税庁」

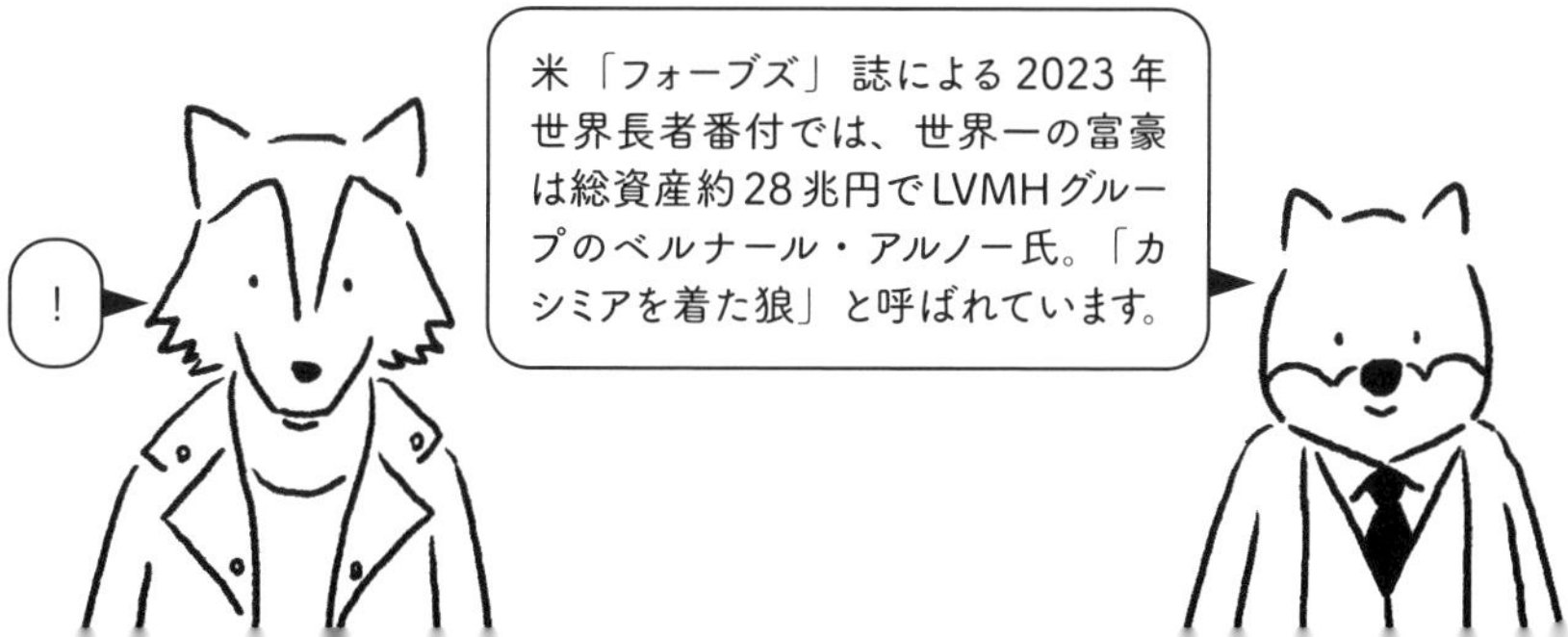
米「フォーブズ」誌による2023年世界長者番付では、世界一の富豪は総資産約28兆円でLVMHグループのベルナール・アルノー氏。「カシミアを着た狼」と呼ばれています。
！

ポン」と世界から言われてしまっている状況なのです。

ともあれ、皆さんの「億万長者になりたい」という願いを、私は否定しません。まずは億万長者≒ミリオネア（資産100万ドル以上保有者）になる方法を学んでいきましょう。それを本当の富裕層への足掛かりにしましょう。


ミリオネアになる方法はたったの2つ、投資か起業しかないとお伝えしました。つまり、「カネ」に働かせる投資か「ヒト」に働かせる起業のみということです。ミリオネアになるためには自分だけがあくせく働いても不可能なのです。もちろん、プロ野球選手等のプロスポーツ選手や一流芸能人、一流芸術家など類まれな才能を持っていたら別ですよ。

お金は寂しがり屋です。お金持ちはますますお金持ちになるけれど、貧乏な人はいつまでたっても貧乏です。この格差は今後更に激しくなるでしょう。

理由は持つ者と持たざる者との3つの違い。**持つ者は「株・不動産・教育」3つの資産を持っています。**

1つ目は**株式投資**。アメリカの代表的な株価指数S&P500（米国株式）に1993年～2023年の30年間に1000万円投資したとしましょう。

ヒト・モノ・カネは、「三大経営資源」と呼ばれています。ヒトもモノ（仕事）もカネも寂しがり屋だと覚えておいてください。

1993年4月指数450→2023年4月15日指数4137、ざっくり約9倍。為替を考慮しないとすると、1000万が約9000万円になっていました。
2つ目は**不動産**。世界一の金融都市ニューヨーク・シティで見てみましょう。2000年1月の住宅価格を100としたS&Pケース＝シラー住宅価格指数では、2022年2月には約300、ざっくり約3倍。
3つ目は**教育**。昨今日本でも話題になっています。資産を持っている家庭は塾など教育にお金をかけることができるため、環境の違いで学力は遺伝以上に子どもへ受け継がれると。
もちろん、日本株や日本不動産では少し違った景色にはなります。ですが、世界的な視野を持てば、持つ者はさらに富を増やし、持たざる者との格差が増大することは容易に想像できてしまいます。

ここからはマネーリテラシー＝投資について話していきましょう。
アメリカで提唱され、我が国でも昨今ブームになっている**FIRE**という概念を皆さんご存知ですか？　Financial Independence, Retire Early——経済的自立＋早期退職のムーブメントです。毎年の生活費を賄えるような貯蓄を貯めて会社を早期退職し、リタイア後も投資の収益を得ることで、経済的自立を達成する。つまり、嫌なサラリーマン生活を早々に辞めて、投資の利益で自分の好きなことをしていこうぜということです。私個人としては、ＦＩＲＥは決して簡単なことではないので、おすすめしていませんが、目標としていくのも1つの考え方なのでご紹介させていただきます。

ちなみに、いくら持っていればＦＩＲＥが達成できるのでしょうか？　魔法の数字をお伝えします。「4％ルール」と呼ばれるものです。

運用だけで一生暮らせる資産＝年間生活費の25倍（年4％で運用）

ＦＩＲＥに必要な貯蓄額は「年間支出の25倍」と言われています。総務省による家計調査の消費支出（総世帯・2019年平均）では、1世帯あたり平均支出は月額24万9704円、年間では299万6448円となり約300万円ですね。ＦＩＲＥの目安である25倍だと、約7500万円という金額となります。

ちなみに我が国のメガバンクに預けた場合、資産が倍になるには……
72 ÷ 0.001 ＝ 7万2000年！

例えば、余裕をもって生活費４００万／年の生活を今後していきたいとする と……生活費４００万円×25＝資産1億円が必要ということ。これなら、「資産1億×運用４％＝毎年の利息４００万」で原資が減りません。つまり、働く必要がない＝ＦＩＲＥ達成ということになります。

ですが、運用４％はかなり難しいと言わざるを得ないでしょう。世界経済に分散投資をすると、過去のデータでは４％は達成できていました。しかし、未来はどうなるか分かりません。

我が国におけるメガバンクの金利は０・００１％です。昨今、耳触りの良い言葉を信じて楽をしようとＦＩＲＥを試みた方たちがぞくぞく失敗しているのは、このためです。やはり、月35万円弱の生活費ですら維持できないミリオネアでは「本当の富裕層」とは言えなそうです。

金利について、もう少し考えてみましょう。皆さんがイメージしやすい数字を鑑みて、まず１００万円を貯めたとします。ここで覚えておいていただきたいのが、「72の法則」です。

「複利の法則」とも言われているこれは、**「複利で運用する場合にお金が2倍になる期間を知るための算式」**です。計算式は、以下の通り。

7万2000年……絶対生きてない、不可能ですね（笑）。
投資でミリオネアへの道のりは険しいニャ……。

72÷金利＝元本が2倍になる年数

例えば金利3％で運用した場合、元本が2倍になるまでには72÷3＝24年かかるという計算になります。100万円が200万円になるまで、24年もかかってしまうのです。4％金利でも18年……。働いたほうが、早そうです。

とはいえ、元本が大きければ、その分、投資によるリターンも大きくなります。資産5000万円で金利4％なら18年後に1億円。投資をしていないと5000万円貯めて18年経っても、ほぼ約5000万円のまま。ということで、お金には働いてもらったほうが良いでしょう。

アインシュタインも、こう言っています。

「**複利は人類による最大の発明だ。知っている人は複利で稼ぎ、知らない人は利息を払う**（〝Compound interest is man's greatest invention. He who understands it, earns it. He who doesn't pays it.〟）」

アインシュタイン自らが言っているので、複利効果は相対性理論を凌駕する最大の発明だと解釈することもできますね。一方で注目したいのが、「知らない人は利息を払う」というフレーズです。

これは、シンプルに「借金」を意味しています。「そりゃそうだろ」と思われるかもしれませんが、投資に比べて借金は驚愕のスピードで膨らみ続けていきます。

例えばリボ払いや消費者金融の金利は、18％で設定されてることが多いです。これを「72の法則」に当てはめると、「72÷18＝4」。なんと、たった4年で倍の借金になってしまうのです。

あまり意識されていないかもしれませんが、住宅ローンも立派な借金です。日本の一般庶民はほとんどが**背伸びをして**、自分の収入以上の家を35年ローンを利用して購入しています。仮に住宅ローンが2％と想定すると…72÷2＝36――35年ローンで、5000万円の家が総支払額約1億円になってしまうのです。

ポイントは、**「背伸びをしない」「虚勢を張らない」**ということ。不動産会社やメディアの口車には乗らないように、背伸びをせず「等身大」で生きていくことが大切です。

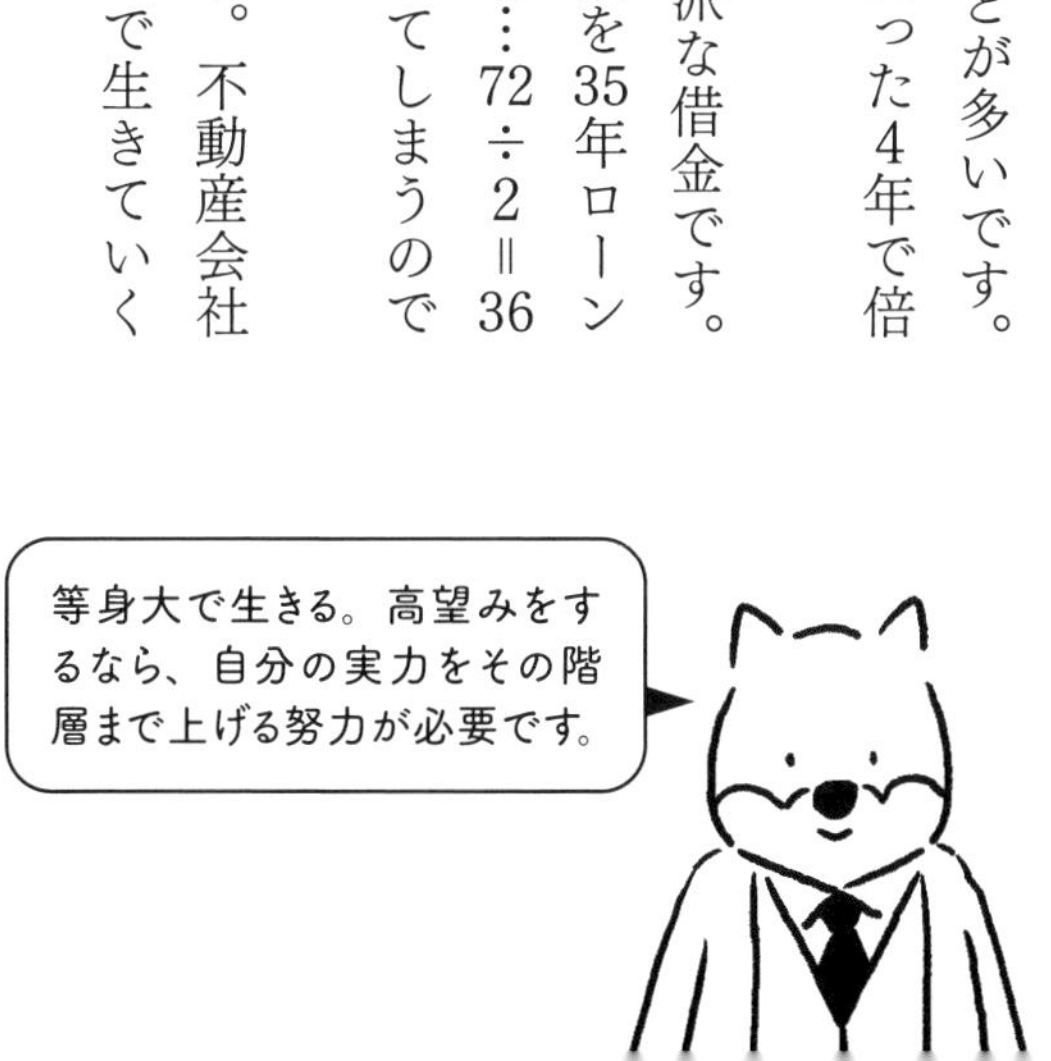
等身大で生きる。高望みをするなら、自分の実力をその階層まで上げる努力が必要です。

やや前時代的ですが、「いい家に住みたい」「いい車に乗りたい」という欲望に忠実な方が、もしもこの中にいらっしゃるようなら、**「足るを知る」**という言葉を覚えてください。若い世代だと2013年に映画『アナと雪の女王』で大ヒットした歌『Let it go（ありのままに）』、オールド世代だとその40年以上前に流行ったビートルズの『Let it be（自分らしく素直に生きる）』をテーマソングにすると良いでしょう。

では、等身大で資産を増やすにはどうすれば良いでしょう？

貯金？　投資？　ギャンブル？　……正解は投資です。

ですが、ここでの正解は「自分への投資」です。つまり、自分に対して「知識への投資」をしてほしいのです。

学んだことは誰にも奪われません。特に若いうちは全力で自分へ投資をしてください。金融投資をどうしてもしたければ、余ったお金と時間で。よく広告などで見かける「投資は自己責任で」というヤツですね。

等身大で生きるためには、ＰＬとＢＳは最低限知っておいたほうが良いで

しょう。PLは損益計算書、Profit&Lossつまり利益と支出。BSは貸借対照表、Balance Sheetつまり資産と負債、貯金と借金のことですね。これらについては専門書が山ほど刊行されていますので、詳しくはそちらを。

この講義で言いたいことは、**「等身大で生きる」**。支出をおさえ借金をせず、自分の収入や貯金に見合った生活をしてほしいということです。

皆さんと最初に出会った日、「魚を与えるのではなく、釣り方を教える」とお伝えしました。「釣り方を教える」ということは、すなわち**「知識への投資」**を意味しています。ようやく、つながりました。

コロナ予算77兆円や給付金といった我が国のバラマキ施策に賛同できないのは、「釣り方を教えず、魚を与える」やり方だからです。しかも、その予算はどこかから湧いてきたものではなく、「子孫から借りているもの」にすぎません。若い世代に借金としてのし掛かってくるのです。

ここまで、金利や投資、借金せずに生きる術をお話ししてきました。では、

「地球は子孫から借りているもの」@北米先住民の言葉

冒頭の質問にあった「ゼロからミリオネアになる方法」はあるのでしょうか？
もちろん、あります。

まずは一生懸命働くこと。一般的な新入社員のシミュレーションをしてみましょう。

新入社員22歳
手取り300万円（年収400万円）
投資を手取り給与の30％で、初年度90万円投資
毎年0・5％昇給

いきなり年収400万円は無理だという場合、給与の40～50％の90万円を投資に回すよう頑張ってみましょう。

そうすると30歳になる8年後には、年利4％だとして初年度の90万円が約123万円になっています。これが複利の威力で、約137％に膨れ上がります。投資元本に毎年0・5％昇給分も加味すると、29歳の年間投資額は約127万円。すると、新入社員時代からの累計8年間で約860万円の投資元本ができる計算です。

そう言わないでください。働くことは楽しい。社会への貢献、まわりからの承認、多くのことを得ることができます。
何やそれ！

ここに投資のリターンを加味すると、30歳でざっくり1000万円の原資ができてしまうのです。

年利4%という条件のもと、独身で昇給0・5%を続けていくと…14年目35歳で目標の3000万円がたまる計算になります。めでたくFIRE達成への種銭ができることになります。

とはいえ、あくまでもこのシミュレーションは独身・年収400万円程度・昇給0・5%・投資利率4%という過去の歴史と現状の平均値が大前提となります。ですから、「年収200万円でFIRE」とか「ぎりぎりFIRE」、「貯蓄ゼロFIRE」など、都合のいい言葉や記事には注意を。これらが、いわゆるFIRE失敗で再就職（もしくは生活保護）などという相談が多発している原因だと言えるでしょう。

参考までにお伝えしておくと、年収200万円や30代資産3000万円でFIREはまず無理でしょう。家が資産家なら別ですが。「私は30代、資産3000万円でFIREした！」と豪語している方がいたら、パートナーが働いている場合、その方はいわゆる専業主婦（主夫）です（笑）。

都合の良い言葉には気をつけてください。
たとえ、私の言葉であったとしても。

ともあれ、平均年収・平均投資リターンで35歳には3000万円の原資ができると聞いて、希望を持てたのではないでしょうか？

繰り返します。**人生は選択の連続です。**

あと30分寝ようか、早朝ランニングしようか？　今日のランチは何にしよう？　夕食は友人と一緒に食べようか、ネトフリを観ながら1人で食べようか？　右の道を進もうか、左の道か？

私たちは毎日膨大な量の選択を無意識の内にしています。先日もお伝えした通り、1日3万5000回の選択を私たちはしているのです。

35歳で3000万円貯めて、起業か？　全力で投資か？　結婚して家庭をつくるか？　1つの案として、22歳で就職、石の上にも3年。とりあえずで良いので3年働いてみる。25歳で転職し、35歳で選択するというのはどうでしょう？　原資ができているので、大きな選択ができるはずです。

起業・投資・結婚・出産などなど……皆さんが20歳だとすると、あと15年もあります。15年じっくり考えることができるのです。もちろん人生100年時代、45歳で選択したって構いませんし、55歳で転職しても構いません。

就職で、転職で、選択で悩む——自分自身に問い質す素晴らしい機会だと考

昔と違って就職は一生ものではありません。NNT（無い内定）でも深刻になりすぎず、自然体で。

えます。

「転石苔を生ぜず」——国によって意味が異なることわざです。イギリスでは、転がっている石に苔が生えない様子をネガティブに捉え、「仕事や住まいを変えてばかりいる人は大成しない」という意味で使用されます。一方アメリカでは、苔が生えないことをポジティブに捉え、「活発に動いている人は時代に取り残されない」という意味で使用されます。

我が国ではイギリスと同じような捉え方をする場合が多いですが、私はアメリカ寄りです。就職も転職も一生ものではない、という考え方。自分自身のキャリアパスを考え、創造と金融という武器を磨いていただきたいと思います。だから私は、「45歳定年制」という考え方に大賛成です。

40代をキャリアの転換点とするためには、大人になってからの学びが必要不可欠です。会社にしがみついて「働かないおじさん」になるのか、**自分のスキルや経験を活かして、やりたいことで社会に貢献していくか**。

皆さんの結論は聞くまでもないでしょう。けれど、我が国では、大人が学ばない。これが失われた30年を生んだ元凶です。

マネーリテラシーを武器として身につけるために、本日は投資の話を中心に講義させていただきました。明日はミリオネアになるもう１つの手段、起業の話を予定しています。

「知識への投資」と「投資の知識」
「虎の威を借る狐」ではなく、
賢い狐として等身大で生きろ。

- **働かないアリにならないためには、怠け者とは距離を取る**
- **お金は「目的」ではなく「手段」**
- **お金から得られる最高の配当は、「選択肢」が広がり、「時間」と「自由」が得られること**

DAY 9
お悩み相談
チックさん
起業するか就職するか迷っています
起業なら働いた分リターンが大きく返ってくるでしょう?サラリーマンとして働くのはしんどいし…

・・・
園長の講義を聞いて投資にはとても興味を持ちましたでも一攫千金を狙った起業も投資もギャンブルではないでしょうか？
億万長者になるためにはやはりギャンブルが必要ってこと？
なるほど……おっしゃる通り起業にリスクはつきものです…が……

我が国での起業後の生存率は、1年後で40%——半分以上が1年以内に撤退しています。これが5年後になると15%、10年後には6%、20年後にはなんとたったの0・3%しか生き残りません。

世間には起業をすすめる耳触りの良い記事や本が溢れていますが、実際の生存率・成功率はこのような限りなく低いものです。では、なぜ世には成功した情報や本ばかり溢れているのでしょうか？

これを、**「サバイバル・バイアス」**と言います。

サバイバル・バイアスは選択バイアスの一種です。「生存者バイアス」とも呼ばれ、「生き残った者の話しか聞けない」ということを意味しています。当然のことながら、死んだり滅びたりした者の話は聞けないのです。投資や起業、世に出回っている情報のほぼ全てにおいて、サバイバル・バイアスがかかって

失敗した人はなかなか話したがりませんよね（笑）。

います。

それを踏まえたうえで、皆さんは選択しなければなりません。

起業して、時間を買う資本家になるか？

勤め人になって、時間を売る労働者になるか？

昨日お話ししたように、勤め人になるのは決して悪い選択肢ではありません。けれど、時間とお金の関係について、少し考える必要があるでしょう。それにはまず、「トレードオフ」という概念を知っておかなければなりません。

トレードオフ――経済用語で「両立できない関係性」を示す言葉です。例えば遊ぶためにはお金が必要なため、「レジャー」と「お金」はトレードオフの関係だと言えます。

恋愛や結婚は日常生活でのトレードオフになります。結婚すると、自分の時間やお金と引き換えに、家庭や家族といった安定した生活基盤、パートナーとの人間関係が得られるというわけです。

ビジネスでのトレードオフは価格と品質が代表例になりますね。

同じように、労働の対価として賃金を得るサラリーマンの場合は、自分の時間を犠牲にしてお金を稼いでいますから「時間」と「お金」はトレードオフの関係になります。

いずれにせよ、何を犠牲にして何を得るか。正解は1つではありません。そして、不正解も1つではありません。資本家になるか労働者になるかの選択は、日本という資本主義社会で生きている以上、**資本家を目指す一択**になるかと考えます。

資本家と労働者では時間の経過とともに資産格差が生まれていくことは必然です。資本主義では一般的に、

資本（投資収益率）の平均リターン：4～5％程度

経済成長（労働者の収入）の平均増加率：2％程度

と言われています。差は明らかですね。では、労働者から資本家になるためには？

資本家とは、「企業などに資本を提供する者」と定義されています。そう、資本家は起業家のイメージが強いかと思いますが、投資家も資本家なのです。

「トレードオフ」の対義語には「win-win」や「両立」があります。

投資については昨日の講義で説明しましたので、本日はもう1つの「起業」についてお話ししていきましょう。

もしもあなたが起業の道を選んだとして、先述したように、それはなかなかイバラの道だったりします。そういう意味で、起業はギャンブルのように見えるかもしれません。

起業して10年後の生存率は6%と述べましたが、あくまでも「10年後の生存」です。ビル・ゲイツやスティーブ・ジョブズ、イーロン・マスクなどの超大成功とまでいかなくても、起業での「成功率」は20年後も生存している0・3%程度でしょう。1000人に3人って、めっちゃ大変。偏差値で言ったら80超の東京大学に楽々入学できてしまうレベル。ギャンブルではないがイバラの道です。

ということで繰り返しになりますが、おすすめは**「まずは一生懸命働くこと」**。大学卒業後、少しの期間でも企業に就職し、組織で社会や経済の仕組みを学ぶことはとても重要です。経験も能力も格段と上がります。

すぐに起業したいというなら、相当の覚悟が必要となりますが、素晴らしい

Don’t chicken out.
びびってやめるなよ。
!

ことだと思いますので止めはしません。

「**急がばまわれ**」です。

もしも起業をギャンブルだと捉えているのなら、近道しようとせずにコツコツ働いたほうが良いでしょう。確かに、「失敗してもいいんだよ」と私は先日申し上げました。けれど、ギャンブルでの失敗は別です。

ギャンブラーは決して同じ間違いを2度犯さない。同じ間違いをたいてい3度以上犯す。

世界を放浪してラスベガスに滞在していた際、カジノでよく聞いた言葉が印象に残っています。そう、ギャンブラーは3度以上同じ過ちを犯します。近道のつもりが遠回りになると気づく前に、ギャンブルには手を出さないのが賢明でしょう。よしんばギャンブルで一攫千金できたとしても、**悪銭身につかず。**痛い目を見る前に、等身大の自分で勝負してください。

ギャンブルには他にも問題点があります。**「ハウスエッジ」――控除率です。**

賭博（ギャンブル）における控除率とは、ある賭けに対してどれだけの手数料をとられるかを示す割合です。チックさんがハマってしまっていたギャンブルの控除率は……

宝くじ55％
競馬・競輪20％
パチンコ10％
カジノ3〜5％

驚かれましたか？　宝くじはなんと55％！　半分以上が手数料と税金です。100万円買ったら平均して45万円になって返ってくるのです。まさに「貧民税」、情報弱者が年末ジャンボ宝くじに時間をかけて並んで、喜んで税金を納めているのです。

似たように「貧民税」と呼ばれている税金がありますね。そう、消費税です。消費税は低所得者ほど負担が大きい「逆進性」があると言われています。

では、カジノが最も良いギャンブルか？　そうではありませんね。カジノ、ここではルーレットやスロットマシンを例に出しますが、賭け金は秒で無くなりますので時間単位での損失は断トツ。皆さん、くれぐれもオンラインカジノには手を出さないように。

また、個人的見解で保険会社に怒られますが、保険は「死の宝くじ」「不幸の宝くじ」とも呼ばれ、ギャンブルだと私は考えます。死んだり、事故にあったりすれば当たり。この確率は非常に低い。なのに、日本人は保険に入りたがる国民性です。生命保険文化センター「生命保険に関する全国実態調査」では約90％の国民が保険に入っています。また、貧乏な人ほど保険に入ります。実は、私もマネーリテラシーが低く貧乏な20代の時、大量の保険に入っていましたが、今はほとんど解約しています。

保険がギャンブルだとお話ししたのは、「胴元」である保険会社は絶対損しないシステムになっているからです。大量の広告を目にしていらっしゃるので、その情報に気づいていただきたい。

死んだり病気になったりして、保険会社から保険金というたくさんのお金をもらったとしても、幸せとは言えないのではないでしょうか。損か得かではなく、健康でいることが最大の幸せなのです。ですから結論としては、「死の宝

そういえば、4630万円誤送金事件でネコババした被告がオンラインカジノで溶かしたとか言っていたような……。

くじ」を買うのではなく、そのお金でジムなどに通い運動をして健康な身体をつくることのほうが大事だと考えます。

そして、投資はギャンブルではありません。**知識を磨くことで、リターンの確率を高くし、お金に働かせる唯一の手段です。**起業と違い、成功率はかなりの高確率です。２０１９年ダイヤモンド・ザイの１万人調査では金融資産１億円以上で投資成績がプラスの勝ち組は５６３人、約５・６％の成功率です。起業の０・３％と比べても投資のほうが非常に高い確率だと分かります。

では、アメリカに投資をするぞと決めて、仮に米国Ｓ＆Ｐ指数（ニューヨーク証券取引所へ上場している５００銘柄の株価指数）に投資していた場合は？Ｓ＆Ｐ５００は導入された１９５７年以来、平均約10・７％／年の上昇率を記録。１９８２年から２０２２年までの約40年間では、トータル利回り２４０％以上、年率に直すとおよそ６％。２０１２年から２０２２年の直近10年間は、なんと年率約14・７％のリターンを記録しています。今後も同じような利回りになるかは不明ですが、アメリカ経済は今後も成長すると考えるなら非常に高い確率で資産倍増計画が立てられるはずです。

「絶対」という事を言う者は詐欺師しかおりませんので、絶対成功するとは言いません。ですが、非常に高確率で経済的な成功は達成することができそうです。繰り返しになりますが、一攫千金を狙うのではなく、「急がばまわれ」。企業に就職をしてコツコツと投資元本＝軍資金を貯めて、投資で増やす。数年働いて経験や能力を磨いて、いざ出陣と起業等を考える。これが王道。「**ローマは一日にして成らず**」です。

耳触りの良い他の本や記事と比べても、非常に地味な講義ですが、これが現実だと皆さんに伝えたいのです。

話を「起業」に戻しましょう。

昨日の『金持ち父さん　貧乏父さん』では、「自分のビジネスを持つ」ことを教えています。本では「君のビジネスは何だい？」と尋ねると「○△銀行です、○×商事です」など職業で答える。このように、職業とビジネスを混同している人がほとんどです。現代解釈では、職業とは仕事、つまり「時間と労力」を企業に売っていること。反面、利益を生み出すシステムを構築するのがビジネスとされていると考えます。

ですが、多様性の現代、このビジネスという言葉も広義に解釈すべきかと考えました。社内起業・週末起業・副業・複業・転職が当たり前の時代、つまり**「自分のビジネス」とは「自分の希少性」を持つこと**だと。自分のアビリティ＝能力を活かし、掛け算で希少性を上げていく。

例えば、年収1000万円で裕福な暮らしをしたいという目標であれば、結構簡単にできてしまいます。

2021年 国税庁「民間給与実態統計調査」では国民の4・9％、約258万人が年収1000万円以上です。4・9％なんて簡単ではないのではないか？ と思われるかもしれません。確かに、サラリーマンで1000万円以上を目指すには4・9％に入らなければいけません。サラリーマンで年収1000万ですと、税金で約28％持っていかれますので手取りは約722万円。まずはここをターゲットに設定します。

ここで、先程の「希少性」を磨く、「3本の矢」戦略です。

サラリーマンの一般的な年収443万円＋複業（週末起業や副業）220万円＋投資200万円

＝サラリーマン手取り349万円＋複業手取り220万円＋投資手取り

2022年度国民負担率47．5％、五公五民が話題ですね。不平不満を言うだけではなく、賢く生きる術を学んでいただきたいです。

１６０万円＝総手取り７２９万円
平均年収４４３万円でも年収１０００万円のエリートと仰っている方たちと肩を並べますね。計算が変じゃないか？　そんなことないんです。

まずサラリーマンの平均年収４４３万の手取りは累進課税約22％で３４９万円。

次に複業２２０万円程度だと、売上３３０万円以下の個人事業主なので税金約20％ですが、ここにミソがあります。というのも、いわゆる自分のビジネスで稼いだ売上にかかる税金はほぼ必要経費で落とすことが可能なので、ほぼ税金ゼロとみなせるからです。よって、ここでは２２０万円の手取りと計算。

最後は、昨日もお話しした投資２０００万円の税率20％で手取り１６０万円。目標利回り４％で計算すると５０００万円の元手が必要となります。ですが、１００－年齢が株の比率とも言われていますので、20代30代の間は株の比率を高めておいて、毎年２００万円の収益を目指すのも攻めの一手だと考えています。

以上で年収１０００万円達成です。いかがでしょうか？　安定を捨てられない？　分かります。カール・マルクスの『資本論』でも、拘束的な労働（必然の国）

日本人はサラリーマン比率が世界的に高い。サラリーマン比率が高いと税収が計算しやすく政府にとって都合が良いですよね？　これら多くの情報から、自分なりに読解してみましょう。

から、余暇時間（自由の国）を拡大していくと述べていましたね。徐々にで良いと考えます。徐々に必然の国から自由の国へ行けば良いのです。他人に頼らず、他人の為に時間を使わず、自分のビジネスを持つ。「**卵をひとつの籠に盛るな**」。サラリーマンでの1本足打法では、嫌な上司や嫌な仕事でも我慢しなければいけない。3つの収入源があれば、いつでも会社を辞められるという余裕が生まれ、ストレスなくリスクヘッジにもなりますね。

起業にまつわるエピソードには、サバイバル・バイアスがかかっている。それでもなお、創業者の「言葉」には、起業だけでなく、人生を豊かに生きるヒントがあります。ここで、マクドナルド社の創業者、レイ・クロック氏の話をしましょう。

ところで、マクドナルドは何屋ですか？
マクドナルドのビジネスモデル、どうやって利益を上げていますか？　という質問では？

ハンバーガー屋に決まってるじゃないですか
ビッグマックやハンバーガーです

正解は「マクドナルドはハンバーガー屋ではなく、巨大な不動産屋」です。詳しくは、映画『ファウンダー ハンバーガー帝国のヒミツ』(The Founder)をおすすめします。マイケル・キートンがレイ・クロックの役を熱演しており、ビジネスの視点からも必見です。

1.5倍速で観ないでくださいね(笑)。名作は選択して、じっくり集中して観ましょう。

「我々の商売は不動産業である」と、レイ・クロックも創業メンバーのハリー・J・ソンボーンも同じような「ことば」を残しています。

実際、マクドナルドはフランチャイズ収益の大半を、店の売上ではなく店舗と土地の賃料で稼いでいます。

実は、皆さんが知っている日本の大企業、歴史ある大企業であればあるほど、巨大な不動産屋である一面があったりします。メディア会社、老舗の新聞社・出版社・テレビ局・ラジオ局は、デジタル企業の勢いにはビクともしません。なんたって超一等地に土地を持っていますから。

これらの話から得られる、起業における教訓は、**「自分のビジネスを持つ」**ということです。自分のビジネスとは、**「自分がそこにいなくてもまわるビジネス」**ということです。つまり、システムを創りビジネスを所有するということ。自分の労力や時間を使わず、人に働いてもらう。例えば、Uber Eats。「月100万稼げる配達員！」など耳触りの良いニュースが散見されますが、皆さんもそういう配達員になりたいですか？

私は違います。労働と時間をそこに投下したいとは思えないです。では何になりたいか？

Uber Eatsのシステムを開発した米ウーバー・テクノロジーズのビジネスオーナーになりたいですね。

皆さんも、「自分のビジネスを持つ」ことを意識してください。つまり、**人に働かせる「起業」かお金に働かせる「投資」か、もしくはその両方を掛け合わせて自分独自のビジネスを持つか。**じっくり考えてみてください。

さて最後に、金融、とりわけ起業を学ぶには「資本主義」について知っておく事が必須です。簡単に学んでいきましょう。

Uber Eatsを毎日頼めるくらいの客になりたい
月100万稼ぎたい！

我が国は資本主義×民主主義国家です。

ざっくり言うと、資本主義で競争が働く効果で全体の経済を発展させ、民主主義で国民が制度・法を作って政治を行っています。

資本主義とは「欲」をエネルギーにして、人に「競争」をさせる経済体制です。アメリカの心理学者マズローによれば、人間の「欲」は、①生理的欲求 ②安全欲求 ③所属と愛情欲求 ④承認欲求 ⑤自己実現欲求という5つの欲求で構成されています。

つまり、人間の欲求は5つのステップで構成されており、欲求が満たされると、より次の階層の欲求が現れるという理論です。マズローが示した欲求5段階とは、具体的には以下のようなピラミッド構造になっています。人間の3大欲求は最下層の「生理的欲求＝食・睡眠・性」。次の階層が「安全欲求＝安全・安心・依存など」。下層部分はお金で買えてしまいますが、**自己超越や自己実現はお金では買えません**。

起業するなら、全ての人間が持っている最下層の欲を狙うか？

「食」は超レッドオーシャン、韓国チキン屋が良い例でしょう。韓国にチキン

自己超越欲求
自己実現欲求
承認欲求
所属と愛情の欲求
安全欲求
生理的欲求

マズローの
欲求5段階説

ざっくり、
経済：資本主義⟷社会主義
政治：民主主義⟷専制主義

屋はなんと87000店舗、日本のコンビニ57000店舗よりも多い。なので、超レッドオーシャンです。年に6000店舗開業し、8000店舗廃業しているとも言われています。理由としては参入障壁の低さ、学歴や能力関係なく誰でも低コストで参入できるからです。飲食業は相当の覚悟が必要です。定年したらカフェやラーメン屋をやりたいという方が日本でも多いですが、繰り返します、超レッドオーシャンです。

また、犯罪の大半もマズローの欲求段階説でいうところの生理的欲求によります。「七つの大罪」の2つ「強欲と色欲」です。起業するなら、犯罪にかかわる「強欲と色欲」の反対「慈善と純潔」で勝負していただけると嬉しいです。

私自身、退職する際も引き留めていただく声に対して「お金じゃないんです」などと青臭い言葉を残し起業しました。起業直後は詐欺にあうなど社会の厳しさを痛感し、めっちゃ青臭い考えだったなと何度も思いました。当初の「お金じゃない」という気持ちを曲げず、相談された仕事や困っている方の仕事を「慈善」で引き受けていたら、幸いなことに評判が評判を呼び、勝手に仕事とお金が集まってくるようになりました。まさに「仕事もお金も寂しがり屋」を痛感しています。

レッドオーシャンは市場に競争相手が非常に多い状態のことですね！

起業を考える方に注目していただきたいのは、マズローの欲求段階説で上位にあたる層、**自己超越**です。自己実現もそうですが、これはお金では買えません。

私はこの部分にこそ、起業のヒントが隠されていると考えています。「しごと」をするのなら、とりわけ起業をするのなら、私は**「志事」**を目指すべきだと考えます。

第1段階は、会社に仕えて働く「**仕事**」。会社で仲間を創り、仲間や上司に評価されたり尊敬されたりすることで、社会的な承認欲求を満たしてくれるものです。

第2段階、自分のために働く「**私事**」。自分のやりたいことをやれる段階で、自己実現欲求を満たしてくれるものです。

そして、最後の段階が志の「**志事**」。**志を持って社会や人の役に立つことを行うということ**です。

志とは信念、まさに自己超越欲求。地域→国→地球、まずは身近なコミュニティ、地域のために何かできないか。例えば、世代間格差による塾に行けない子どもたちへの無料塾、2人に1人が奨学金という借金を抱えて大学に通う現状を打破するための学生へのバイト支援、男女格差を無くすための北欧視察と啓蒙活動、本を買えない子どもたちへの無料図書館開設などなど。最終的にはこの「志事」を目指していただきたいと考えます。

自己超越欲求は、少子高齢化や地球温暖化など、コミュニティや他人のために何ができるか考え、実現することで満たされます。幸せな人生とは、「どれだけ周囲に良い影響を与えられたか」だと私は考えています。だからこそ、起業する人には諦めない信念と情熱が必要となります。

皆さん大好きケンタッキーフライドチキンKFCのお話をここで。

KFC創業者はご存知カーネル・サンダース氏。カーネルおじさんが苦難と苦労を乗り越えてKFCを創業したのは、なんと65歳。しかも、創業後、フランチャイズ契約を1009回も断られ続けたのです。それでも諦めずに、不屈の信念で73歳の頃には600店舗以上の契約を獲得しました。

彼を動かしたのは、KFC社の経営理念にもなっている「おいしいもので人を幸せにしたい」という「信念と情熱」ですね。

起業のプランがギャンブルの域を超えたうえで、自己超越欲求を満たすものだと確信できたら、すぐに「思考」を「行動」に移すべきです。

私の場合はというと、「子どもたちに本と夢を」という新規事業を「思考」しています。まだまだギャンブルの域を出ませんが、自己超越欲求を満たすプランです。こっそり概要をご紹介しましょう。

毎年4月23日、スペインでは**「サン・ジョルディの日」**として、親子や友人の間、男女ともに本を贈り合う習慣があります。サン・ジョルディの日のバルセロナ市内には、バラや本のスタンドが立ち並びます。このイベントを日本国内で普及させたいのです。

バレンタインやハロウィン、イースター、クリスマス。我が国では多様なイベントが海外から入ってきています。サン・ジョルディの日も、それくらい普及させられたら、これ以上の喜びはありません。

子どもブックカフェや子ども図書館を創り、毎年4月23日には子どもたちへ本をプレゼントする——考えただけでワクワクします。

あきらめたらそこで試合終了ですよ…？安西光義@スラムダンク
ホワイティさん、いいですね（笑）。

チックさんにはこの言葉を捧げます。

「鶏口となるも牛後となるなかれ」

大きな集団の末端になるより、小さな集団で長になるほうが良いという、中国春秋時代の『史記』から由来することわざです。

明日はいよいよ最後の講義です。最後に相応しく、皆さんへ「希望」を武器として授ける予定です。

・時間はお金と同列ではないので、時間を犠牲にしてはならない
・自分のビジネスを持ち、投資×起業でゆるく我が国の富裕層を目指すのも一つの手
・資本主義は「欲」をエネルギーにした経済体制。お金では買えない自己超越と自己実現を目指そう

「自分のビジネス」つまり
「自分の希少性」を持つ
時間とお金はトレードオフ

05

終章

希望

HOPE

DAY 10
お悩み相談
ミーさん
漠然と未来が不安です……
自分に自信がないからか…常にネガティブに考えてしまいます…

今までの講義で時間や情報…創造……金融について…
知らなかった事を知ることができて武器を身につけられたと思います
ありがとうございますニャ
でも…
今日で仕事を失い…明日から無職……
まだ…不安が払拭できません
どうせ死ぬんだから…
つらい事や苦しい事はしたくないです

10日目

希望

HOPE

いよいよ最終日です。皆さん、9日間しっかり学んでくれました。本日で動物園は閉鎖されますが、皆さんには強い武器が備わったと思います。少しでも、光明が見えてきたようなら幸いです。

さて、今日のテーマは「希望」です。明るい未来、楽観的な「予測」ですね。とはいえ、未来は分からなくて不安なものです。

「どうせ死ぬんだから、つらい事をしたくない」という気持ちも分かります。生きとし生ける者は必ず死ぬ。けれど、『100万回死んだねこ』を読めば、少し認識が変わるかもしれません。

皆さんご存知ですか？　ご存知？　ですが、そんな絵本は存在しません(笑)。正しくは『100万回生きたねこ』（佐野洋子著／講談社）です。様々な解釈ができる名作絵本のあらすじはこうです。

あるところに、1匹の立派なトラ猫がいました。100万回も死んで、100万回も生きました。この猫は飼い主だった100万人にかわいがられ、死んだときにはみんなが泣きました。でも、猫は1回も泣いたことがありません。

なぜなら、彼は飼い主たちが嫌いだったから。

ですが、100万回死んだあと、100万1回目の人生で初めて彼は「自分よりも愛する者」ができたのです。

白い猫に恋した彼は、次第に彼女のそばにずっと居続けるようになりました。そして子どもも生まれ、彼は白い猫とたくさんの子猫のことが、自分よりも好きな存在になっていたのでした。

子どもたちが巣立ち、最愛の妻（白猫）が死んで、彼は初めて泣き、そして生き返ることはなくなりました……。

自分よりも大事な存在ができる喜び、愛を失う悲しみ――そこからもう一歩踏み込んで、私はこう解釈します。

人生の希望とは「自分よりも大事な存在ができること」だ、と。

「愛さないよりは、愛して失うほうがいい。」
アルフレッド・テニスン（19世紀イギリスの詩人、1809～1892）

自分よりも大事な存在ができたら、その人生は最高に充実した人生なのではないでしょうか？　もしも、まだ「大切な存在」が見つけられていないのなら、あるいは気づけていないのなら、一刻も早く「青い鳥」を探すことをおすすめします。

もう1つ、皆さんに伝えたいのは、希望は夢から創られる、ということ。

ここで、夢と希望の素晴らしい演説をご紹介します。マーティン・ルーサー・キング・ジュニア牧師の行った「私には夢がある」（I Have a Dream）です。

１９６3年8月28日、職と自由を求めた「ワシントン大行進」の一環として、25万人近い人々がワシントンD.C.に集結しました。そこで、全ての社会階層の人々が、公民権と皮膚の色や出身などに関係のない平等な保護を求めたのです。これは、その日の最後に行われた演説です。

私には夢がある。それは、いつの日か、この国が立ち上がり、「すべての人間は平等に作られているということは、自明の真実であると考える」というこの国の信条を、真の意味で実現させるという夢である。

モーリス・メーテルリンクの『青い鳥』ですね。
そう。幸せとは、探してみて初めて気づく。もしかしたら自分の近くにあるものかもしれない。

私には夢がある。それは、いつの日か、ジョージア州の赤土の丘で、かつての奴隷の息子たちとかつての奴隷所有者の息子たちが、兄弟として同じテーブルにつくという夢である。

【中略】

私には夢がある。それは、いつの日か、あらゆる谷が高められ、あらゆる丘と山は低められ、でこぼこした所は平らにならされ、曲がった道がまっすぐにされ、そして神の栄光が啓示され、生きとし生けるものがその栄光を共に見ることになるという夢である。

これがわれわれの希望である。

私にも夢があります。
子どもたちの未来を明るく幸せな世界にしたい。
世代間格差、男女格差をなくしたい。
読書から学ぶ創造性教育の普及。
すべて、夢です。そして、希望です。

出典：AMERICAN CENTER JAPAN「国務省出版物」より
「私には夢がある」マーティン・ルーサー・キング・ジュニア
https://americancenterjapan.com/aboutusa/translations/2368/

現実に目を向ければ、貧困にあえぐ若者と裕福な老人との格差が顕著になっています。高級ジムは老人ホームのようです。高級ホテルや旅館は外国人や老人ばかり。老人比率が高くなった我が国では、老人を優遇しないと選挙で勝てないから、という理屈に夢はあるのでしょうか？　希望はあるのでしょうか？

私は、高齢者が子どもたちや若者たちを支える国にシフトチェンジすべきだと考えます。

昨今、リモート会議に慣れたサラリーマンが出社を強要されて、おじさんたちが「自由を奪われた」と嘆いていることがニュースで取り上げられました。ですが、勘違いしないでいただきたい。

サラリーマンになるということは、時間＝自由を会社に売っているのであって、奪われているのではありません。自ら進んで売っているのです。このような勘違いや甘え、自己都合主義の考え方は排除しないといけません。

誤解しないでいただきたいのは、子どもたちや若者たちを甘やかせるために、高齢者やおじさんたちに厳しい事を言っているのではない、ということです。

若者たちが「自由を奪われた」等と間違った事を言っていたら、すぐに私は「それは信念を持って正しいと言えますか？」と問い質すことでしょう。私はシンプルに、「それはフェア＝公平ですか？」と問いたいのです。フェアじゃなければ、夢も希望も持てないのは当然だと思います。それでも、キング牧師は夢を語りました。私たちにだって、きっとできる。そう思います。

時代は約30年周期で入れ替わっています。

つまり、現在２０２３年を起点に「**復活の30年**」を創っていこうじゃないですか。

もう少し、大局に目を向けてみましょう。

我が国は「ジャパン・アズ・ナンバーワン」と言われた時代から、現在は「失われた30年」だの「安いニッポン」だのと言われてしまっています。

１９４５～１９５４年（約10年）の戦後経済復興期を経て、１９５４～１９７３年（約20年）の高度経済成長期を迎えた日本は、アメリカに次ぐ世界2位のＧＮＰ（国民総生産）を誇り、「東洋の奇跡」と呼ばれました。

それから1973〜1991年（約19年）の安定経済成長期を経て、1991〜現在（約30年）は低経済成長期、いわゆる失われた30年の真っただ中。30代以下の若者たちは、40〜60代の大人たちを見て育ち、「働きたくない」「結婚したくない」「子どもや家庭を持つことができない」といった不安を抱え、希望を失ってしまっています。

働かないおじさん世代は逃げ切れるかもしれません。落ちぶれてしまったとはいえ、まだ老後に夢や希望が抱けるかもしれません。けれど、私を含め現在の大人たちは猛省をし、今からでも子どもたちや若者のため、国のため、地球のために何ができるか考え、行動に移すべきです。

日経BPコンサルティングの調査によると、「高齢者を優遇しすぎか」とストレートに尋ねたところ、日本の70歳以上の半数近くが「そう思う」と回答したそうです。

当事者である高齢者でもそう思うのは、異常な状態だと思いませんか？けれど、そう思ってくれているのなら、まだ希望はあると言えるでしょう。既得権を獲得した年配の自分さえ良ければ良いと考えず、何かしら他人のため

個人金融資産の6割を60歳以上の高齢者が所有している現状……若者への所得移転が必要と考えます。

にできることを探してくれる可能性はゼロではないのです。

まずは彼ら彼女たちが子どもたち・若者たちのためと思って行動すれば、若者も高齢者に敬意を示し、このギスギスした世代間格差も緩和されるはずです。老若男女を問わず、「我が我が」ではなく「利他」の生き方ができたら、人生はもっと輝きを帯びるはずです。

決して若者と高齢者の分断を煽っているわけではありません。高齢者やおじさんは謙虚になるべきです。役職や既得権に踏ん反りかえってしがみつくのではなく、惜しみなく若者へ経験や知識を伝承していくべきです。青臭い理想論ですが、そうすれば豊かな友好関係が築け、より良い社会にできるはずです。諦めることなく、夢や希望を持てたなら、皆さんが手にした2つの武器の出番。そう、「**創造≒言葉**」と「**金融≒数字**」です。おさらいしましょう。

創造力

「発想の転換」や「逆転の発想」、日々の暮らしで常に「発想」を鍛えましょう。

本を読んで、行動=実践に移すこと。

亀の甲より年の功ですね
世代交代。高齢者は役職やプライドにしがみつかず、知識や経験を若者へ継承するべきです。

人の限界は「能力」ではありません。「想像力」で決まります。「想像力」＝「創造力」と覚えておいてください。

金融力

現代を豊かに生きていく際、投資や複利などのマネーリテラシーは必須となります。

豊かに自由にしたいことをしていくためには、お金が必要。また、ミリオネアになるには、お金か人に働いてもらうしかありません。

確かに、お金は万能です。この世のほとんど全てのヒト・モノ・コトと交換することが可能です。

けれど、ＴＩＭＥ≠ＭＯＮＥＹ——「時は金なり」ではないこと、時間とお金は同列ではないこと、時間とお金では**比べることのできないくらい「時間」のほうが重要**だということは忘れないでください。

この2つの武器を磨くのが、「**情報≒メディアリテラシー**」です。

情報力

多くの人と情報に触れて、引き出しを多く持つ――大事なのは、自分で判断する能力を磨くことです。

長く読まれている書籍や名作――偉人の伝記、一休さん・吉四六さん等を読んでみるのもおすすめです。グリム童話、イソップ童話、アンデルセン童話など、童話も素晴らしい。

『ドラえもん』もアイディアの宝庫です。大人になってからこそ、読んでほしいです。漫画でも良いのです。書を読んで知を磨いてください。

そして繰り返しになりますが、人生において最も大事なのは「時間」です。2つの武器磨きと、磨くための情報収集。どこに自分の最も大事な「時間」を割くかが重要です。

そう考えると時間の使い方は、ドラゴンクエストやファイナルファンタジー等のRPGで、どこに能力ポイントを配分するかという難問に似ています。誰もが「武力」「知力」「防御力」の全てを伸ばしてパラメータのレーダーチャートを大きくしたいけれど、ポイントには限りがあります。

「猫も杓子も」スマホに夢中。人の自慢話やスキャンダルをのぞき見している時間はありますか？　ありませんよね。

「時間」を「創造」と「金融」、そして「情報」にどう配分するか——選択と集中こそが、皆さんの人生を左右すると言っても過言ではないでしょう。

良質な情報で武器を磨いたら、未来を予測。そこに、夢や希望を見出すのです。

現代はVUCA《ブーカ》（先行きが不透明で、将来の予測が困難な状態）の時代と言われています。

V（Volatility：変動性）
U（Uncertainty：不確実性）
C（Complexity：複雑性）
A（Ambiguity：曖昧性）

ここで少し、長期予測をしてみましょう。

第2次世界大戦が終結したのが1945年。その頃、テレビも洗濯機も、冷蔵庫も車も、クーラーもPCも、もちろん携帯電話だって普及していませんでした。けれど20世紀の間に、世界はものすごく変化しました。

21世紀に入ってからも、スマホの誕生・普及やGAFAMの台頭を経て、

まさに「猫の目」、目まぐるしく変化する時代です。VUCAは、元は1990年代後半に軍事用語として発生した言葉です。2010年代に入り、現代の変化が激しく先行き不透明な社会情勢を指して、ビジネス界でも使われるようになりました。

2060年の世界はどのようになっているのでしょう?
太平洋戦争終結からスマホ誕生、今まで以上の激しい変化が確実に起こる。
私は、そう考えています。ざっくり以下のような感じです。

格差拡大:若者の持家が困難に(現在の米国・韓国)
少子高齢化:日本人口1億2000万人↓8000万人
地球温暖化:東京の四季がなくなる、年間猛暑日100日超

「確実に起こる」と断言したのには、もちろん根拠があります。
まず格差拡大については4日目にもお話ししましたが、現在のアメリカや韓国でもみられるように、我が国でも昨今の住宅価格高騰により、若者の住宅所有が厳しい時代となりつつあります。人口問題は確実に起こる未来として、世の研究者たちが議論しています。地球温暖化もそう。このままだと、確実に起きてしまうでしょう。不都合な真実に目を背けず、地球のため・子孫のために私たちに何ができるかを考える必要があります。

夢や希望という「ことば」とは程遠い現実。けれど、**「やらない」「できない」理由を探すのはやめましょう。**

やらない・できない・したくない等「ないない」言ってる時間はありません。「時間」が最も貴重だと皆さんは分かっていただけてると信じています。

そのうえで、この10日間の講義のまとめとして「国民の三大義務」を私なりに解釈してみたいと思います。

「教育」とは――自分への投資＝**情報を選択し知識で武器を磨くこと**
「勤労」とは――今ここを生きること＝**一生懸命働いてみること**
「納税」とは――利他、つまり他者のために行動すること
＝**ルールを知って賢く生きること**

国民の三大義務は、意外にも皆さんの武器を磨き、そのために最適な時間の使い方を教えてくれるものかもしれません。

また出た…
義務って？
したくないことをするってことさ…

くよくよせず
前を向いて
ワクワクすることをしよう

スナフキンもこう言っています。「希望」を持ちワクワクすることを考え、できるだけ笑顔でいましょう。**楽しいから笑顔になるのではなく、笑顔でいるから楽しいのです。**

動物園最後の時間が迫ってきました。

先程、「復活の30年にしましょう」とお話ししましたが、何も根拠がないのに耳触りの良い言葉を発するのはフェアではありません。「風呂敷は絶対に広げない」が私のポリシーでもあります。

では、どうしたら良いのか？

これからの我が国において、最も有望かつ夢と希望に満ち溢れているビジネスの1つ――それは「コンテンツビジネス」でしょう。つまり、漫画・アニメ・ゲーム・キャラクター等のＩＰ（知的財産）ビジネスです。

「創造」の講義でお伝えしましたが、我が国の創造力は世界一です。ですが、その価値をまだまだ分かっていない。

30年前はタダ同然で素晴らしいコンテンツを世に流していました。ドラえもんを筆頭にハローキティ・エヴァンゲリオン・ジブリ・スーパーマリオ・ウルトラマン・ゴジラ・仮面ライダー・ワンピース・スラムダンク・鬼滅の刃・呪術廻戦・チェンソーマン・ポケモン etc.――数え上げればキリがありません。

そして今後、人口増大が見込まれるマーケットはアジアです。そのアジアで最も有名なキャラクターは「ドラえもん」で、2位が「ハローキティ」、3位がディズニーのネズミさん。みーさんのお仲間、ネコはネズミよりも強いのです。

ディズニーはディズニーランドを世界展開していますが、日本発のネコ型ロボットはまだ。ウルトラマンや仮面ライダーもまだ。既存のキャラクターのみならず、新しいキャラクターも我が国でどんどん創造されています。

「コンテンツツーリズム」、我が国の大きな武器は、創造力を駆使した「観光業」と「エンタメ業」だと強く言い続けていますが、この2つの業界に限ることはありません。

「窮鼠猫を噛む」油断は禁物です。
もう猫ことわざはいいです（笑）。

より良い世界を創るために創造力を駆使してベンチャー企業を立ち上げたり、組織で新規事業を仕掛けていく。皆さんがこの動物園を飛び出して、「最初の10匹」になってくれることを楽しみに期待しています。

未来は、美しい夢を信じる人のためにあります。

第32代アメリカ合衆国大統領フランクリン・ルーズベルト氏の妻、エレノア・ルーズベルト氏の言葉です。皆さんも、そうあっていただけると嬉しく思います。

世界は広い、好奇心と希望を持って旅立ちましょう。

鳴りやまぬ拍手。100年続いた動物園閉園の時間が来た。
TIME ZOO
ぱちぱち
ぱちぱち
僕たちはレックス園長から素晴らしい武器を贈ってもらっただけど、園長に何もお返しをできていない…
今からでも何かできないかな…
ありがとう 皆さんからは既に素晴らしい贈り物をこの10日間毎日いただいていました
今ここを一緒に生きるPRESENT DAYという素晴らしいプレゼントを

この10匹が
この国を変えて
いくのか?
この10匹が
「最初の10匹」と
呼ばれるように
なるのか?
それはまた
別のお話……

おわりに

ここに地終わり、海始まる

物語を最後までお読みいただき、誠にありがとうございました。

最後に私の好きな言葉で締めさせていただきたいと思います。この言葉はユーラシア大陸最西端ポルトガルのロカ岬にある石碑に刻まれた言葉です。私自身、沢木耕太郎氏の『深夜特急』に触発され、大学時代87ヶ国を旅し世界を放浪しておりました。

就職の事は一切考えず、当時は自分のしたいこと、やれることが一切なく、ただただ世界を見てみたいという好奇心に従い、彷徨っておりました。年月を経て、この若い時期に世界を数多く観てきたことは非常に良い経験だったと振

ポルトガルの
ロカ岬

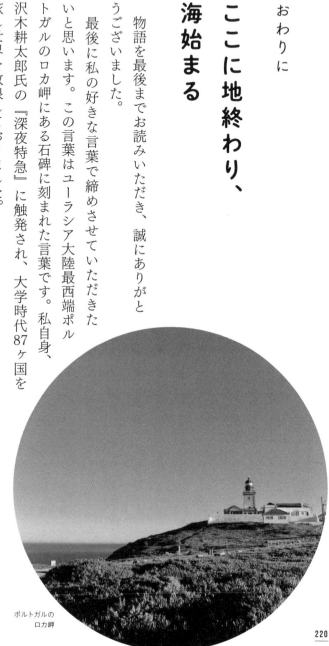

り返ることができます。

大学を卒業し、社会人になってからは探索した新しい国が１ヶ国も増えておりません。それは社会人になって旅より楽しいこと、夢中になれることを見つけたからです。

それは「仕事」です。

学生時代には会えなかった人、できなかった企画、行動自体が学生時代とは比較にならないほど大きな世界で実現することができるようになったのです。

私を育ててくれたダイヤモンド社様・講談社様には感謝しかありません。金融経済力の武器を与えてくれたダイヤモンド社様。日本最大のコンテンツから創造力の武器を与えてくれた講談社様。必然と金融力×創造力が磨かれ、夢中で一生懸命仕事をさせていただいた結果、今の幸せな人生が在ります。

20代・30代の自分を振り返ってみると、青臭い理想論を掲げたヒヨッコでした。そのヒヨコを大きな組織が守って育ててくれたんだなと痛感し、恩義に報いるよう常に心掛けて活動しています。

一案ですが、自分の経験を踏まえ、まずは組織に属してルールや社会を知っておくというご提案をさせていただきました。その大きな組織で守られながら学んだのが、思考と行動の重要性です。

「Think different　発想を変えてみる」
「PDCA、なかんずく最も重要なのはDO、行動である」
「創造力は移動距離に比例する」

読書をすることにより、数多くの素晴らしい言葉に出合うことができます。学生時代やっていなかった勉強を社会人になり夢中になってやり始めました。そこで学んだ言葉を振り返ると、知らず知らず学生時代に実践していたのだと気づきました。

現在、北海道・東京・関西・沖縄で多拠点生活という希望通りの人生を送れていると感じております。ですが、10代や20代の若い頃に知っていて実践し行動していたら、さらに素晴らしい人生を送れていただろうと感じ、筆を執りました。

家がいかに素晴らしいか分かるには、長い旅に出なければならない

文末になりますが、最後まで読了していただいた読者の皆様、筆を執るきっかけを創ってくれたG．B．編集部の皆様、多数の応援やご協力をいただいた皆様に感謝を申し上げます。

石碑ではないですがSNSは一切やらないので、最後にメールアドレスを残させていただきます。

timeisnotmoney20230511@gmail.com

いつでもご連絡ご相談ください。皆様が自分よりも大切な存在を見つけ、素晴らしい人生を過ごせますように。またお会いできることを楽しみにしております。

古川 純

古川 純

株式会社 FT&M 代表取締役。神奈川大学講師。学習院大学経済学部卒業。講談社・ダイヤモンド社で広告宣伝・企画開発・新規事業に従事。コンテンツ×リアル×デジタルの立体的なソリューションを数多く企画。2015年に講談社を独立後、新規事業とコンテンツ事業企画会社 FT &Mを起業。バイクと車で旅した国は 87 ヶ国に及び、「本と旅」「情報と創造」 をテーマに講演とブランディング企画を実施。大学や企業へ「コンテンツマーケティング」「ことばと広告メディア論」等を講義。地方創生事業・ビジネス誌・旅行誌・コミック誌・デジタルメディア事業等を企画プロデュース。ニッポン放送チーフプロデューサー・丸井イベントプロデューサー等、出版社・ラジオ局・印刷会社・メディア企業でのコンサルティング・ブランディング企画を多数手掛ける。愛犬家でもあり、愛犬は柴犬レックス。

BOOK STAFF

編集	出口圭美（G.B.）
デザイン	別府 拓、村上森花（Q.design）
DTP	G.B. Design House
イラスト	ぷーたく
用紙	株式会社竹尾
校正	大木孝之
営業	峯尾良久、長谷川みを（G.B.）

TIME ≠ MONEY

タイム・イズ・ノット・マネー
限りある時間を君たちはどう使うか？

初版発行　2023 年 5 月 28 日

著者　古川 純
編集発行人　坂尾昌昭
発行所　株式会社 G.B.
〒 102-0072 東京都千代田区飯田橋 4-1-5
電話　03-3221-8013（営業・編集）
FAX　03-3221-8814（ご注文）
URL　https://www.gbnet.co.jp
印刷所　音羽印刷株式会社

ISBN 978-4-910428-26-0